Hans Hipp
DAS LEBKUCHENBUCH

Mit farbigen Abbildungen

Insel Verlag

Insel-Bücherei Nr. 2015

© Insel Verlag Berlin 2015

DAS LEBKUCHENBUCH

Lebzelterhaus um 1910

VORWORT

Seit dem Jahre 1610 sind in meinem Elternhaus, dem Café Hipp in Pfaffenhofen, Lebzelter und Wachszieher ohne Unterbrechung urkundlich nachgewiesen – eine im gesamten deutschsprachigen Raum wohl einmalige Tradition. Und bis heute werden in unserem Betrieb noch Lebzelten nach alten Rezepten hergestellt und Figuren aus Wachs gegossen. Diese auf den ersten Blick ungewöhnliche Verbindung geht auf die mittelalterlichen Zunftordnungen zurück, die es nur dem Lebzelterhandwerk gestatteten, die Rohstoffe der Biene – Honig und Wachs – zu Lebzelten und Met sowie zu Kerzen, Wachsstöcken und Votivgaben zu verarbeiten. So bin ich in unserem Haus zwischen Honig und Wachs aufgewachsen.

Mit der alten Handwerkstradition sind auch meine schönsten Kindheitserinnerungen verbunden: Als kleiner Bub stehe ich auf einem Holzschemel am langen Arbeitstisch in der Backstube unserer Konditorei und darf meinem Vater dabei helfen, Lebkuchenteig zu kneten, auszurollen und mit Blechformen auszustechen. Wie herrlich war dieser verführerische Duft nach Honig, exotischen Gewürzen, Schokolade und anderen feinen Zutaten! Die größte Freude war es für mich, den Finger in die Nuss-, Schokolade- und Marzipanmassen zu stecken und von dem süßen Teig zu naschen, wenn der Vater nicht hinschaute.

Und wenn es mir in der Backstube zu langweilig wurde, lief ich die schmale Treppe ein Stockwerk höher in die Wachszieherei hinauf. In dem großen Raum wurden vor allem in den Zeiten, wenn in der Backstube nicht so viel zu tun war, Kerzen gezogen sowie Wachsbilder und Votivgaben gegossen. Auch dort hatte ich meinen eigenen Arbeitsplatz und eine kleine Holzform, mit der ich Votivpferdchen gießen konnte. Im Laufe der Zeit sammelten sich Dutzende dieser Wachsfiguren auf der Ablage unter dem großen Arbeitstisch an, und obwohl es immer der gleiche Vorgang blieb, war es für mich stets aufs Neue spannend, die beiden Hälften der Holzform voneinander zu trennen und das noch warme Wachspferdchen vorsichtig aus der Form zu lösen.

Die besondere Geruchsverbindung von heißem Bienenwachs und Honiglebkuchen, die in unserem Haus allgegenwärtig war, hat mich von frühester Kindheit an begleitet und bis zum heutigen Tage nicht mehr losgelassen. Ich erinnere mich, dass ich an einem Geburtstag, es war wohl der vierte oder fünfte, von meinen Eltern eine weiße Konditorenjacke für die Backstube und einen kleinen »Schaber«, eine blaue Schürze, zur Arbeit in der Wachszieherei geschenkt bekam. Damit war ich ins Mitarbeiterteam unseres Familienbetriebes aufgenommen. Anfangs noch spielerisch, später aber durch die meisterliche Strenge des Vaters oder der Gesellen, lernte ich viele Kniffe und so manche Geheimnisse zur richtigen Verarbeitung der Rohstoffe kennen.

Mein Interesse an dem alten Handwerk war groß, so dass ich schon als Schüler gerne verschiedene Arbeiten in der Backstube selbständig erledigte – was mir allerdings später, als ich viel lieber mit meinen Freunden unterwegs gewesen wäre, nicht mehr so viel Freude bereitete. Besonders nervte mich das Lieblingsspiel meines Vaters: »Gewürze bestimmen«. Mit der ersten Prüfung, einzelne reine Gewürze in nummerierten Dosen am Geruch zu erkennen, hatte ich noch keine Probleme. Dann aber musste ich zwei und schließlich sogar drei miteinander vermischte Gewürze richtig bestimmen. Eine Prüfung, bei der ich oftmals gründlich danebenlag und die ich damals natürlich als ausgesprochen lästig empfand. Denn während meine Freunde schon längst draußen um die Häuser zogen, gab mein Vater sich nicht so schnell zufrieden. Aber trotz dieser gelegentlichen pubertären Auflehnung überwog bei mir die Begeisterung für die alte Handwerkstradition, und so gab es für meine Eltern und mich eigentlich nie einen Zweifel, dass ich den Betrieb später einmal weiterführen würde.

Deshalb wurde ich auch dazu bestimmt, bei einer der ersten Marketingaktionen unseres Familienbetriebes Mitte der 1950er Jahre mitzuwirken. Mit dem beginnenden Wirtschaftswunder füllten sich damals auch in unserer beschaulichen Kleinstadt die Schaufenster der Geschäfte mehr und mehr mit Produkten, die nicht von örtlichen Handwerkern und Gewerbetreibenden produziert wurden, sondern aus industrieller Herstellung stammten. Unsere Konditorei bekam diesen Trend dadurch zu

Belegschaft des Café Hipp 1957

spüren, dass die nach traditioneller Weise hergestellten, etwas härteren Honiglebzelten – der ganze Stolz meines Vaters – im Laden liegenblieben und die Kundschaft immer mehr nach den neuen Fabriklebkuchen verlangte, die unerklärlicherweise länger weich blieben.

Dieser Konkurrenz begegneten meine Eltern mit einer Idee, die ihnen einen lokalen Wettbewerbsvorteil verschaffte: Sie versprachen ihren Kunden, bei einer gewissen Abnahmemenge, unsere Lebkuchen und Christstollen durch den »Café-Hipp-Nikolaus« am 5. und 6. Dezember direkt ins Haus zu bringen und den Kindern feierlich zu überreichen. Die Eltern konnten bei der Bestellung Zettel mit persönlichen Botschaften, Lob und Tadel für die Kinder hinterlassen, die der heilige Nikolaus beim Besuch der Familie dann wortgewaltig und respekteinflößend aus seinem goldenen Buch vortrug. Als begabter Laiendarsteller war mein Onkel Josef geradezu prädestiniert für diese Aufgabe. Für seine Auftritte als heiliger Nikolaus wurde er in feinste Bischofsgewänder gehüllt, die sich im Besitz unserer Familie befanden. Lange wusste ich nicht, wer sich hinter dem weißen Rauschebart und der Nikolausverkleidung verbarg, bis ich mich einmal unter dem Arbeitstisch in der Backstube versteckte und beobachtete, wie meine beiden Tanten mit ihrem Bruder in den Nebenraum gingen. Als sich die Tür kurze Zeit später wieder öffnete und der Nikolaus heraustrat, war mir klar, dass der bärtige Mann im Bischofsgewand nur mein Onkel sein konnte. Mit den Kleidern hatte er auch seine ganze Identität gewechselt: Aus dem sonst so humorvollen Onkel »Bepp« war der würdevolle, Respekt einflößende Bischof geworden, der sich von da an nur noch mit »heiliger Nikolaus« anreden ließ. Er wirkte so unglaublich echt mit Manipel, Stola, Bischofmütze und einer ganz fremden, tiefen und feierlichen

Stimme! Selbst in späteren Jahren faszinierte mich immer wieder die unglaubliche Verwandlung, die mit meinem Onkel innerhalb weniger Minuten vor sich ging.

Als ich vielleicht acht oder neun Jahre alt war, musste ich den Nikolaus dann als »Zwergerl« begleiten. Mit rotem Mantel, Zipfelmütze und einem fürchterlich juckenden Bart ging ich mit meinem Onkel auf Tour. Eine schwere Laterne aus Eisenblech in der einen und das »goldene« Buch in der anderen Hand, fühlte ich mich als Helfer des heiligen Nikolaus zwar sehr wichtig, manchmal aber auch total überfordert und hatte großes Lampenfieber bei unseren Auftritten. Einige Jahre musste ich die ungeliebte Rolle spielen, dann war ich dem Zwergerlkostüm endlich entwachsen und der Nikolaus gezwungen, sich einen neuen Assistenten zu suchen.

Mein Onkel »Bepp«, der heilige Nikolaus

Die vorweihnachtliche Aktion erwies sich über viele Jahre hinweg als sehr erfolgreich für unsere Lebzelten. Der Café-Hipp-Nikolaus wurde zu einem festen Begriff, und die Nachfrage stieg stetig. Leider fand die schöne Tradition mit dem frühen Tod meines Onkels im Jahr 1960 ihr Ende.

Mein Wissen und meine handwerklichen Fähigkeiten, die ich mir schon früh im elterlichen Betrieb angeeignet hatte, erweiterte ich während meiner Lehr- und Gesellenjahre in renommierten Konditoreien in München, Frankfurt und in der Schweiz. Im berühmten Café Pellmont in Basel konnte ich auch die Herstellung feiner Pralinen und der original Basler Leckerli, einer international gefragten Lebkuchenspezialität, erlernen.

Nach der Rückkehr in meine Heimatstadt legte ich die Meisterprüfung ab und übernahm im Jahr 1976 mit meiner Frau Bernadette den elterlichen Betrieb. In der 14. Lebzeltergeneration setzt nun unser Sohn Dominik die über 400-jährige Tradition des Hauses fort.

Auf diese einzigartige Tradition sind wir, die Familie Hipp und alle Mitarbeiter, sehr stolz und wir betrachten sie auch als Verpflichtung bei unserer täglichen Arbeit. Um das historische Erbe zu bewahren und der Öffentlichkeit zugänglich zu machen, haben wir in unserem Haus ein vielbesuchtes Lebzelterei- und Wachsmuseum eingerichtet.

Über Geschichte und Brauchtum des Wachszieher- und Lebzelterhandwerks in Pfaffenhofen habe ich schon einiges publiziert. Das nun vorliegende Lebkuchenbuch soll neue, vor allem auch praktische Einblicke in das traditionsreiche Handwerk geben. Dabei möchte ich die Entwicklung vom mittelalterlichen Lebzelter zum späteren Zuckerbäcker und Konditor ebenso darstellen wie die Besonderheiten der verschiedenen

Lebkuchenarten und das jahrhundertealte Brauchtum um dieses weltweit bekannte Gebäck. Eine umfassende wissenschaftliche Darstellung zum Thema Lebkuchen kann und will das vorliegende Büchlein nicht sein. Vielmehr soll es dabei helfen, vergessene und aktuelle Lebkuchenspezialitäten kennenzulernen, und vor allem Interesse wecken, dieses köstliche Naschwerk daheim einmal selbst zu backen.

Dazu habe ich für den zweiten Teil des Buches Beispiele aus dem alten Rezeptbuch meines Großvaters Joseph Hipp (1867-1926) sowie aktuelle Rezepturen unseres modernen Konditoreibetriebes ausgewählt. Auch berühmte Spezialitäten wie Basler Leckerli oder Aachener Printen sind im Rezeptteil zu finden. Und selbstverständlich gibt es auch eine Anleitung, wie man ein süßes Lebkuchenhaus backen und verzieren kann. Damit die Weihnachtsbäckerei gut gelingt, verrate ich so manche Geheimnisse und Kniffe aus dem reichen Erfahrungsschatz meiner Vorfahren, aber auch neueste Praxistipps der jungen Konditoren und Chocolatiers unseres Hauses.

Die Gründerfamilie der Hipp-Baby-Kost, Familie Hipp um 1918

VOM LEBZELTEN ZUR HIPP-BABYNAHRUNG

»Mit Gott angefangen am 11. August 1897«, schrieb mein Großvater Joseph Hipp über die erste Seite seiner Geschäftsbücher, nachdem er das Lebzelter- und Wachsziehergeschäft am Hauptplatz 6 in Pfaffenhofen übernommen hatte. Als erster Lebzelter ist in dem Anwesen ein Thomas Riederauer aus Riederau am Ammersee urkundlich nachgewiesen, und zwar durch seine im Kirchenbuch der katholischen Stadtpfarrei St. Johannes Baptist vermerkte Hochzeit mit der Pfaffenhofener Bäckerstochter Euphrosina Stangenrieder am 17. November 1610. Seit dieser Zeit ist das Haus am Hauptplatz 6 bis zum heutigen Tag im Besitz von Wachsziehern und Lebzeltern beziehungsweise Konditoren.

Wie unsere Vorgänger über 400 Jahre bieten wir im Café Hipp auch heute noch Süßigkeiten und Wachsprodukte unter einem Dach an. Mit Bienenhonig süßen wir nach wie vor unsere Lebkuchenspezialitäten und verwenden ihn auch zur geschmacklichen Verfeinerung unserer Pralinen, Schokoladen und weiterer Konditorei- und Confiserieerzeugnisse. Und in unserer zum Museum ausgebauten Wachsziehwerkstatt gießen wir immer noch Votivgaben und Reliefbilder aus jahrhundertealten Holzformen.

In unserem Museum ist auch dokumentiert, wie vor über 100 Jahren im Lebzelterhaus die Erfolgsgeschichte der Hipp-Kindernahrung ihren Anfang nahm. Heute ist Hipp weltweit wohl größter Hersteller von Babynahrung aus biologischem Anbau. Alles begann am 11. Juli 1899 mit der Geburt der

Zwillinge Viktoria (genannt Dora) und Josef (»Onkel Bepp«). Weil die Mutter Maria Hipp erhebliche Probleme beim Stillen der beiden Säuglinge hatte und in der damaligen Zeit die Kindersterblichkeit noch relativ hoch war, machten sich meine Großeltern große Sorgen um die Babys. Sie benötigten unbedingt eine gesunde Zusatznahrung, um die ersten kritischen Wochen zu überstehen. So kam mein Großvater Joseph Hipp als gelernter Lebzelter und Konditor auf die Idee, für seine Kinder ein nahrhaftes Zwiebackmehl herzustellen. Dazu zerrieb er den harten Zwieback zu einem feinen Pulver, das dann mit Milch und Wasser angerührt, gekocht und den Zwillingen als Brei zugefüttert wurde. Die Ergänzungsnahrung schmeckte den beiden offenbar bestens und sie entwickelten sich prächtig – was sich in der Stadt bald auch bei anderen Müttern herumsprach, die ähnliche Probleme mit der Ernährung ihrer Babys hatten. Für den findigen Lebzelter war es daher naheliegend, das Zwiebackmehl neben seinen Konditorei- und Wachswaren als neues Produkt im Laden zu verkaufen. Schnell wuchs die Nachfrage, und bei der Produktion mussten die ersten technischen Hilfsmittel eingesetzt werden – zum Beispiel ein Mahlstein, der heute noch in der Eingangshalle im Verwaltungstrakt des Hippwerkes sowie als Kopie in unserem Wachsziehermuseum am Hauptplatz zu sehen ist. Es handelt sich dabei um einen Marmorblock mit halbkugeliger Vertiefung, in der der Zwieback wie in einem überdimensionalen Mörser pulverisiert wurde. Dazu benützte man eine Holzkugel, die mit einem langen Stiel und einem Metallring an der Decke der Backstube befestigt war. So konnten mit diesem Werkzeug durch kreisende Bewegungen der Zwieback, aber auch Mandeln zur Marzipanherstellung gemahlen werden.

Als Joseph Hipp im November 1926 starb, war die Produktion des Zwiebackmehls bereits auf 6200 Pakete pro Jahr angewachsen. Meine Großmutter führte mit den Kindern den Betrieb am Hauptplatz alleine weiter. Während sich mein Vater Hans mit seinem ältesten Bruder Josef um die Konditorei und die Wachszieherei kümmerte und meine Großmutter im mittlerweile eröffneten Café präsent war, konzentrierte sich ihr Sohn Georg, ebenfalls gelernter Konditor und damals gerade 21 Jahre alt, auf die Produktion des Zwiebackmehls. Er war beseelt von dem Gedanken, diesen Geschäftszweig weiter auszubauen. Bis 1932 hatte mein Onkel das Produktionsvolumen der Kindernahrung im Lebzelterhaus auf über 100.000 Pakete jährlich gesteigert. Trotz schwieriger wirtschaftlicher Rahmenbedingungen mit sechs Millionen Arbeitslosen, hoher Staatsverschuldung und vielen Firmenpleiten wagte Georg Hipp jetzt den entscheidenden Schritt: Am 1. Juli 1932 gründete er seine eigene Firma zur Herstellung der Babynahrung. In einer ehemaligen landwirtschaftlichen Halle unweit des Elternhauses nahm er noch im gleichen Jahr mit einer Handvoll Mitarbeitern die Produktion auf und machte aus dem kleinen Familienbetrieb in den folgenden Jahrzehnten mit Geschick, Mut und unermüdlichem Fleiß ein international anerkanntes Unternehmen.

Der entscheidende Durchbruch kam Mitte der 1950er Jahre,

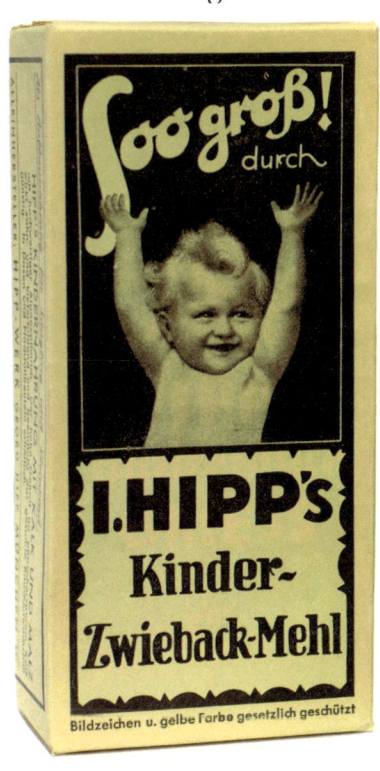

als Georg Hipp erstmals Obst- und Gemüsekonserven in Dosen herstellte. Als er am 22. Dezember 1967 starb, hatte das Unternehmen 700 Mitarbeiter und einen Jahresumsatz von 100 Millionen Mark. Seine Söhne Claus, Georg und Paulus setzten den von ihrem Vater eingeschlagenen Weg konsequent fort und blieben dem Grundsatz treu, für ihre Babynahrung zunehmend Rohstoffe zu verwenden, die aus biologischem Anbau ohne Einsatz chemischer Dünge- und Pflanzenschutzmittel kommen. Das Vertrauen der Verbraucher in die Qualität der Hipp-Produkte (»Dafür stehe ich mit meinem Namen«) ist zu einem Markenzeichen der Hipp-Gruppe geworden, die heute auch international erfolgreich ist.

DIE LANGE GESCHICHTE DES LEBKUCHENS

Wenn wir uns heute in der Weihnachtszeit vom würzigen Duft der Lebkuchen verzaubern lassen, ist wohl den wenigsten bewusst, dass es sich bei diesen köstlichen Süßigkeiten, wie auch beim Früchte- und Kletzenbrot, um das älteste süße Gebäck der Menschheit handelt. Denn bevor sie den Zucker aus Zuckerrohr und Rüben gewinnen konnten, standen den Menschen in frühgeschichtlicher Zeit nur Bienenhonig und Früchte wie zum Beispiel Datteln und Feigen zum Süßen ihrer Speisen zur Verfügung.

Die ersten bildlichen Hinweise auf Honigkuchen findet man in Steinreliefs und Wandmalereien aus dem alten Ägypten. Dort sind handwerkliche Tätigkeiten aller Art, darunter auch die Kunst der Bäcker und das Sammeln und Abfüllen von Honig dargestellt. Der älteste bekannte Fund eines Honigkuchens stammt aus dem Felsengrab eines Ägypters namens

Pepionkh der Mittlere (um 2200 v. Chr.). Hier entdeckten Archäologen im Jahr 1913 ein Wandrelief, das die Herstellung eines Honigkuchens bildlich darstellt und den Backvorgang beschreibt. Außerdem fanden die Forscher in dem Grab 20 runde, völlig luftdicht versiegelte Bronzeschalen. Eine dieser wohl ersten Vakuumverpackungen der Menschheitsgeschichte wurde im Auftrag des französischen »Musée du Pain« geöffnet und deren Inhalt von dem Schweizer Brotforscher Dr. Max Währen untersucht. Nach seiner Analyse enthalten die getrockneten Fladen mit einem Durchmesser von elf Zentimetern neben verschiedenen anderen Ingredienzien auch Mehl und mit an Sicherheit grenzender Wahrscheinlichkeit Honig. Max Währen berichtet auch, dass im Neuen ägyptischen Reich (13. Jahrhundert v. Chr.) bei Festlichkeiten schon 42 verschiedene Kuchensorten aufgetischt worden seien. Diese Kuchen konnten nur mit Honig oder Früchten gesüßt worden sein.

Auch aus dem antiken Griechenland gibt es zahlreiche Nachweise für Kuchen aus Mehl und Honig. Honigkuchen wurden zum Festmahl gereicht, bei Spielen als Preise verteilt oder den Göttern als Opfergaben dargebracht. Bei den Römern kamen Honigkuchen dann verstärkt auch als Handelsware in Umlauf. Im Jahr 171 v. Chr. finden wir in Rom die ersten Hinweise auf Bäckereien. Mit der Ausbreitung des Römischen Reiches gelangte das Wissen um die Backkunst und die Herstellung der Honigkuchen auch in die Provinzen nördlich der Alpen, und es ist anzunehmen, dass diese Fertigkeit dort auch nach dem Ende des Weströmischen Reiches (um 480 n. Chr.) praktiziert wurde. Vom 6. bis zum Beginn des 13. Jahrhunderts haben wir jedoch nur sehr wenige schriftliche Hinweise auf Rezepte, Speisen und Rohstoffe. Zunächst erfahren wir nur, dass bei der Synode von Estinnes (heute Belgien) im Jahre 743 die im Volk immer noch verbreitete heidnische Sitte angeprangert wurde, Honigkuchen als Opfergaben zu spenden. Die Idee, dem süßen Honiggebäck exotische Gewürze beizumischen und damit den Lebkuchen, so wie wir ihn heute schätzen, erfunden zu haben, soll angeblich aus der belgischen Stadt Dinant stammen. Eindeutig belegt ist diese Behauptung allerdings nicht.

Fest steht, dass vom frühen Mittelalter bis ins 12. Jahrhundert hinein Lebkuchen vor allem in den Klöstern hergestellt wurden, die darüber auch schriftliche Aufzeichnungen führten.

Mönche und Nonnen, wie die heute noch verehrte Hildegard von Bingen, wussten um die Heilkraft von Honig, Kräutern und Gewürzen, und so war es naheliegend, dass sie die Lebkuchen auch als Arzneimittel für die Klosterapotheke entdeckten. Bei allen möglichen Beschwerden sollten die gewürzten Honigzelten oder Pfefferkuchen helfen. Das »Magenbrot«, das als lebkuchenartiges Gebäck bis heute auf den Weihnachtsmärkten verkauft wird, erinnert an diese therapeutische Wirkung.

Aus dem Kloster Tegernsee ist überliefert, dass hier schon im 11. Jahrhundert »Pheforcelten« (Pfefferzelten) gebacken wurden. Nach einer mittelalterlichen Klosterordnung standen den Mönchen pro Tag neben zwei Kannen Bier und einem »Kändlein« Wein auch Pfefferkuchen oder gesalzenes Brot zu, »auf dass man wohl trinken könne«. In Klöstern und Wallfahrtsorten verkaufte man Lebzelten, teilweise mit Bildmotiven, auch als Wegzehrung oder Erinnerungsgaben an die Pilger.

Ab dem 13. Jahrhundert begann in den Städten, besonders in Süddeutschland, eine Spezialisierung in Handwerk und Gewerbe. Die Lebzelter trennten sich von den Brotbäckern und wurden selbständig. Im süddeutschen Raum, in Österreich und Ungarn bildete sich die neue Berufsgruppe der Lebzelter oder Honigkuchenbäcker.

Schon im Jahr 1281 finden wir nach einem von Archivrat Viktor Lucas 1921 verfassten Aufsatz eine »lebkuchergasse« in der Kaiserstadt Speyer. 1293 werden Lebzelter in Basel erwähnt, 1310 und 1312 in zwei Münchener Marktordnungen. In Basel wird 1375 der »Oflater« Claus Humbrecht genannt. Die Bezeichnung Oflater oder Oblater, in Frankreich Obloyer, hat die gleiche Bedeutung wie Zelter oder Lebzelter. 1393 wird Cuontz von Straßburg als »lebkuocker« erwähnt. Aus den Zürcher Steuerbüchern von 1357 erfahren wir von einer »Biberzelterin« (Honigbiber sind eine Schweizer Lebkuchenspezialität).

Obwohl Nürnberg in den nachfolgenden Jahrhunderten besonders aktiv bei der Herstellung der Lebkuchen war und mit seinem Gebäck heute Weltruf genießt, erscheinen dort die frühesten urkundlichen Hinweise auf einen Lebzelter erst im Jahre 1395. Vom Mittelalter bis in die Neuzeit (zu Beginn des 16. Jahrhunderts) bleibt der mit Honig gesüßte Lebkuchen oder -zelten das einzige süße Gebäck der Völker Europas.

Die Entwicklung des Lebzelterhandwerks verlief im deutschsprachigen Raum unterschiedlich. Im Süden und Osten Deutschlands, in Österreich und Ungarn gab es meist eigene Lebzelter, in der Schweiz die »Biberzelter«. In Mittel-, West- und Norddeutschland dagegen war der Lebzelter als eigener Berufsstand weniger verbreitet. Zwar gab es später spezielle Printenbäcker, doch zumeist wurden dort die Lebkuchen von den Brotbäckern mitproduziert.

Die Lebzelter schlossen sich in Zünften zusammen und waren in Süddeutschland in vielen Städten sowie auch in Österreich, Ungarn und der Schweiz vertreten. Im Jahre 1393 waren in Basel 34 Lebküchler mit den Gewürzhändlern in der »Herrenzunft zu Safran« zusammengeschlossen.

Die erste Lebzelterordnung ist um 1445 in Wien urkundlich

erwähnt. Drei Jahrzehnte später (1474) entstand die Münchener Lebzelter-Zunftordnung, die Vorbild war für viele weitere Städte in Süddeutschland. In den freien Reichsstädten gab es oftmals sehr einflussreiche Bäckerzünfte, die eine Abspaltung der Lebküchner nicht dulden wollten, denn sie sahen darin die Gefahr, keine eigenen Lebkuchen mehr herstellen zu dürfen. In Nürnberg entbrannte um diese Frage ein mehr als hundert Jahre andauernder Streit, der erst am 17. April 1643 mit der endgültigen Trennung zwischen Bäckern und Lebzeltern endete. In der 1694 erlassenen Neufassung der Münchner Lebzelterordnung unter Kurfürst Max Emanuel (1662-1726) werden die Aufgaben des Berufsstandes ausführlich beschrieben. So erfahren wir, dass in die Zunft nur derjenige aufgenommen werden konnte, »… der das Handtwerch ordentlich und redlich dem herkhommen gemeß vier Jahr erlehrnt und sein Maisterstuckh gemacht …« hatte. Zudem müsse er sämtliche zu dem Handwerk gehörigen Tätigkeiten beherrschen, nämlich »… Lebzelten und Lekherl zu pachen, Mett zu sieden, Wax ausmachen und zu blaichen, Körzen zu ziehen und Bilder zu gießen …«

Um sich Meister nennen zu dürfen, mussten die Lebzelter auch lernen, aus harten und besonders feinfaserigen Obstbaumhölzern kunstvolle Model – Reliefs oder zweiteilige Hohlformen – zur Herstellung von Lebzelten, Marzipan und Votivgaben zu stechen. Betrachtet man heute diese Arbeiten, kann man die handwerklichen und künstlerischen Fähigkeiten des Berufsstandes nur bewundern.

Mit den im 15. Jahrhundert erstmals erlassenen Zunftordnungen war der Lebzelter somit nicht nur befugt, aus Honig süßes Gebäck und Met herzustellen, sondern auch das zweite überaus wertvolle Bienenprodukt, das Wachs, zu Kerzen und

Holzmodel für Lebzelten, Anbetung der Heiligen Drei Könige

Bildern zu verarbeiten. Mit Letzteren waren in erster Linie Votivgaben gemeint, also religiöse Wachsopfer in Form von betenden Personen, Fatschenkindern oder Körperteilen, mit denen gläubige Menschen in Wallfahrtskirchen himmlischen Beistand bei schweren Krankheiten und Notlagen suchten oder sich für empfangene Hilfe bedankten.

Der Beruf des Lebzelters und Wachsziehers durfte nach der damaligen Zunftordnung in Bayern nur in Städten ausgeübt werden. Die strengen Zunftordnungen sicherten den Lebzeltern überaus lukrative Einnahmequellen, schließlich bekamen sie dadurch das Monopol in mehreren für die breite Bevölkerung enorm wichtigen Bereichen des täglichen Bedarfs: zum ersten die Versorgung mit Honiglebkuchen – bis ins 19. Jahrhundert, als der Zucker allmählich auch beim Bürgertum ankam, das einzige Süßgebäck des einfachen Volkes. Dazu kam die Erlaubnis, Met herzustellen, der nicht nur länger haltbar, sondern zeitweise auch beliebter war als Bier und der den besseren Kreisen vorbehaltene Wein.

Noch wichtiger aber war für die Lebzelter und Wachszieher das Monopol auf künstliches Licht, das ihnen die Zunftordnungen mit dem alleinigen Recht zur Kerzenherstellung in die Hand gegeben hatten. Weit vor der Petroleumlampe waren Kerzen aus Bienenwachs die einzigen Lichtspender für geschlossene Räume. Pechfackeln und Unschlittkerzen aus tierischen Fetten konnte man wegen des Gestanks nur im Freien oder in Viehställen verwenden.

Der prächtige Spiegelsaal im Schloss Herrenchiemsee wurde von riesigen Kronleuchtern erhellt, in denen fast 2000 Kerzen steckten. Leider hat der bayerische Märchenkönig Ludwig II. (1845-1886) seinen Kerzenbedarf bei Münchener Wachsziehern gedeckt und nicht bei unseren Vorgängern in Pfaffenhofen, die aber auch ohne königliche Aufträge gut zu tun hatten. Nach den Aufzeichnungen in unseren Geschäftsbüchern belieferten wir Ende des 19. Jahrhunderts mehr als 80 Pfarreien in einem Umkreis von etwa 30 Kilometern mit Kirchenwachs. Dazu kamen noch ebenso viele gewerbliche Kunden und Händler, bei denen Privatleute ihren Kerzenbedarf decken konnten. Mit dem Ausbau der Stromversorgung auch in ländlichen Gebieten sank ab Beginn des 20. Jahrhunderts der Bedarf an Kerzen im privaten Bereich rapide.

Heute ist es kaum noch vorstellbar, dass Vorschriften wie die Münchner Zunftordnung von 1694 fast 300 Jahre lang Gültigkeit besaßen und einen Handwerksberuf so lange regelten, aber den Auswirkungen dieser Zunftordnungen begegnet man bis heute in unserem Laden. Die auf den ersten Blick ungewöhnliche Mischung von Kerzen, Wachsstöcken, Votivgaben, Lebkuchen, Konditoreiwaren und feinsten Pralinen geht auf das historische Berufsbild des Lebzelters zurück, und es gibt heute im deutschsprachigen Raum nur noch wenige Geschäfte, in denen nach alter Lebzeltertradition Wachswaren und Honiglebkuchen angeboten werden.

Der Siegeszug des Zuckers, der den Honig schließlich verdrängte, führte zum Ende der starren Zunftordnungen und des Lebzelter-Monopols auf süßes Backwerk. Allerdings war dies ein langsamer Prozess, der sich über Jahrhunderte hinzog.

Schon um das Jahr 800 hatten die Araber den aus Persien, Indien und anderen tropischen Ländern stammenden Rohrzucker nach Europa gebracht, aber bis ins 15. Jahrhundert blieb das »weiße Gold« wegen seines enorm hohen Preises als Luxusgut dem Adel, dem Großbürgertum und hohen kirchlichen Kreisen vorbehalten. Die Berichte von den Festbanketten zur Einsetzung der Bischöfe in Speyer in den Jahren 1451

Heiliger Nikolaus und Knecht Ruprecht, kolorierte Wachsabgüsse aus einem Lebzeltenmodel

und 1466 verzeichnen bereits große Mengen an Fladen und Kuchen, die mit Zucker gesüßt wurden. Während die bessere Gesellschaft immer öfter Zuckerkonfekt und Kuchen genoss, blieb das einfache Volk noch lange Zeit bei seinen traditionellen, wesentlich billigeren Honigzelten.

Der Übergang vom Honig zum Zucker als Süßungsmittel auch für breitere Bevölkerungsschichten vollzog sich wellenartig im Zeitraum zwischen 1700 und 1850. Die einzigen Quellen dafür finden wir in den Rezepten historischer Koch- und Backbücher.

Die entscheidende Wende leitete der deutsche Wissenschaftler Andreas Marggraf im Jahre 1747 ein, als er entdeckte, dass die aus Rübensaft gewonnenen süßen Kristalle die gleichen waren wie die aus Zuckerrohr. 1801 entstand im unterschlesischen Cunern die erste Zuckerfabrik. Dennoch war Rohrzucker zunächst noch wesentlich beliebter als die neue Konkurrenz aus heimischer Produktion. Dies änderte sich mit der Blockade der französischen Handelswege während der Napoleonischen Kriege. Sie führte dazu, dass um 1806 Zuckerrohr aus den Regalen europäischer Geschäfte weitgehend verschwunden war. Deshalb forcierte Napoleon den großflächigen Anbau von Zuckerrüben und die Errichtung von mehr als 40 Fabriken in Nordfrankreich, Deutschland, Österreich, Russland und Dänemark. Zwar kam nach dem Ende der Blockade der Rohrzucker nach Europa zurück, der Siegeszug des billigeren Rübenzuckers als Süßungsmittel für jedermann war aber nicht mehr aufzuhalten. Der Bienenhonig hatte nun endgültig seine Exklusivität als Süßungsmittel verloren, und damit endete auch die Monopolstellung der Lebzelter bei der Herstellung süßen Backwerks. Erstmals in ihrer Geschichte bekamen sie nun die harte Konkurrenz durch Zuckerbäcker und

Konditoren zu spüren. Die alten Zunftordnungen erwiesen sich für die Lebzelter jetzt als Hemmschuh, denn nach den strengen Regeln des Handwerks durften sie ihre Produkte nur mit Bienenhonig süßen. Andererseits versuchten die Konditoren und Zuckerbäcker das Recht zu bekommen, auch Lebkuchen herstellen zu dürfen. Als die Freie Reichsstadt Nürnberg 1806 zum Königreich Bayern kam, entbrannte zwischen Zuckerbäckern und Lebzeltern der sogenannte »Nürnberger Lebkuchenkrieg«. König Maximilian I. musste persönlich in den Konflikt eingreifen und verfügte, dass fortan beiden Handwerkszünften Herstellung und Vertrieb des »schmackhaften Lebkuchens« erlaubt sei.

Von da an begannen überall in Bayern die starren Grenzen zwischen Zuckerbäckern und Lebzeltern zu verschwimmen. In den großen Städten bedienten Mitte des 19. Jahrhundert die Konditoren ihre Kundschaft mit feinsten Torten, Kuchen und anderen Zuckerwaren. Zusätzlich brachte die industrielle Herstellung eine Vielzahl neuer Süßigkeiten auf den Markt. Auf dem Land begannen auch die alteingesessenen Lebzelter, mit Zucker gesüßte Kuchen und Konfekte in ihren Läden anzubieten. Viele allerdings ohne die vorgeschriebene gewerbepolizeiliche Genehmigung durch den örtlichen Magistrat. So auch Johann Anton Seidl, einer der Vorgänger meines Großvaters im Pfaffenhofener Lebzelterhaus. Mit zunehmender Sorge hatte er an den Markttagen die Kundenschlangen vor den Ständen der Zuckerbäcker registriert, die als fahrende Händler ihre Waren auch in Pfaffenhofen anboten. Seidls Lebzelten hingegen wurden immer mehr zum Ladenhüter. Was blieb ihm anderes übrig, als den Wünschen seiner Kunden zu folgen und selbst Zuckergebäck, Konfekt und anderes Naschwerk anzubieten? Doch er hatte die Rechnung ohne die – ihm nicht sonderlich wohlgesonnenen – Pfaffenhofener Ratsherren gemacht. Mehrmals lehnten sie seine Bitte um eine offizielle Konzession zur Herstellung und zum Verkauf von Konditoreiwaren mit der lapidaren Begründung ab, »daß eine Zuckerbäckerei ein eigenes Gewerbe und mit der Lebzelterei nicht ausgeübt worden sey«.

Zutiefst enttäuscht und verärgert wandte sich Seidl am 16. Mai 1851 mit einem Schreiben direkt an die königliche Regierung von Oberbayern in München und warf dem Stadtmagistrat vor, im Ablehnungsbescheid wider besseres Wissen behauptet zu haben, dass in der Lebzelterei bisher keine Konditoreiwaren hergestellt worden seien. Süffisant verwies Seidl in seiner Eingabe an die Regierung darauf, dass er dem Bürgermeister und den Magistratsräten schon mehrfach bei Tanzveranstaltungen, Hochzeitsfesten, Kindstaufen und anderen privaten Anlässen »Torten verschiedener Gattung und Biscuit auf Bestellung gefertigt und verkauft habe«.

Seidl beklagte auch die zunehmende Konkurrenz durch mehr als 30 fahrende Händler, die auf Jahrmärkten in Pfaffenhofen Konditoreierzeugnisse anbieten würden. Außerdem habe sein Lebzelterkollege in der Nachbarstadt Geisenfeld einen ähnlichen Antrag vom Magistrat gerade erst genehmigt bekommen. Bei der Regierung in München fanden die Argumente des Pfaffenhofener Lebzelters schließlich Gehör. Die königlichen Beamten erteilten ihm die Genehmigung, neben der bestehenden Wachszieherei und Lebzelterei künftig auch eine Konditorei betreiben zu dürfen.

Für die von der königlichen Regierung endlich verfügte Befreiung aus der Zunftordnung hat Anton Seidl damals sicherlich eine besonders große Kerze dem heiligen Ambrosius, Patron der Bienen und Bienenzüchter sowie der Lebzelter und

Wachszieher, geopfert. Auf Bildern und in Statuen erkennt man den Heiligen an seinem typischen Attribut, dem Bienenkorb.

In München gab es im Jahre 1850 bereits 16 Konditoreien und nur noch drei Lebküchner. Und auch auf dem Land wuchs die Zahl der Konditoren, die den Verbrauchern mit dem einstigen Luxusprodukt Zucker eine völlig neue Genusswelt eröffnen konnten. Nun standen Schaumgebäck, Biskuitschnitten, Cremetorten oder »Gefrorenes« im Mittelpunkt. Im Gegensatz zum Honig bot der geschmacksneutrale Zucker den Vorteil, bei der Verarbeitung von Früchten zu Marmeladen oder Gelees und auch in Konditoreiprodukten den Eigengeschmack der Früchte zu unterstreichen.

Natürlich versuchten nun auch Lebzelter und Konditoren, das jahrhundertealte Honiggebäck dem neuen Kundengeschmack anzupassen. Mit Zucker und Triebmitteln wie Hirschhornsalz und Pottasche entstanden weiche, leichte Lebkuchen.

Die große Zeit der Lebzelten aus den handwerklichen Backstuben war mit dem neuen Beruf der Konditoren und der Gründung erster Süßwarenfabriken Ende des 19. Jahrhunderts endgültig vorbei. Durch das vielfältige Angebot an anderen Süßigkeiten reduzierte sich die Nachfrage nach Lebkuchen auf die Advents- und Weihnachtszeit, wobei der Erfindungsreichtum der Konditoren diesem Produkt bis heute anhaltende Beliebtheit gesichert hat.

Vor allem die um die Jahrhundertwende aufkommenden neuen Methoden, Lebkuchen mit Schokolade zu verfeinern, brachten dem Produkt einen beachtlichen Qualitätsschub und verhalfen dem Traditionsgebäck zu einem neuen Aufschwung. Neben der geschmacklichen Aufwertung kommt die Schokolade dem Lebkuchen aber auch durch ihre isolierende Wirkung zugute, denn die Schokolade schützt als Überzug das Gebäck vor dem Austrocknen, bewahrt das Aroma der Gewürze und sorgt damit für einen gleichbleibend guten Geschmack. Um das Jahr 1900 wurden das Handwerk des Lebzelters und der neue Beruf des Konditors in der »Oberbayerischen Conditoren- und Lebküchner-Kreisinnung München« zusammengefasst. Erst seit 1953 ist der Lebzelter aus der bayerischen Handwerksordnung gestrichen. Die Söhne der Lebzelter erlernten den Beruf des Konditors und meist auch das Wachszieherhandwerk, um weiterhin Kerzen herstellen zu können. So auch mein Vater, bei dem ich selbst noch die Kerzenherstellung erlernt habe. Bis 1960 übte er diesen traditionsreichen Handwerksberuf aus, dann musste er die Produktion wegen der Übermacht der Kerzenindustrie aufgeben. Die Herstellung von Reliefbildern und Votivgaben aus Wachs wird in unserem Haus aber bis heute fortgesetzt. Deshalb steht heute noch über unserem Geschäftseingang »Konditorei • Wachszieherei«.

Mitte des 20. Jahrhunderts verschwand der von Lebzeltern hergestellte Honiglebkuchen schließlich fast vollständig aus dem Angebot. Die neuen Oblatenlebkuchen werden von Konditoren hergestellt oder werden als »Nürnberger Lebkuchen« im Handel angeboten. Diese werden nicht, wie die »Braunen« oder Honiglebkuchen, aus einem festen Teig mit viel Mehl hergestellt, sondern aus einer dressierfähigen Masse mit einem hohen Mandel- oder Nussanteil, die auf Oblaten gestrichen wird. Sie zeichnen sich durch die hohe Qualität der verwendeten Rohstoffe, jedoch weder durch Bilderschmuck noch durch künstlerische Formgebung oder eine lange Tradition aus. In historischen Kochbüchern finden wir Rezepte mit dem Hinweis, Marzipan aus Mandeln, Zucker, Rosenwasser und Eier mit »weizzen mehl« zu mischen und auf Oblaten zu backen.

Model mit bayerischem Wappen und der gemodelte Zelten

Der Nürnberger Lebkuchenfabrikant Heinrich Häberlein war ein Pionier der fabrikmäßigen Herstellung dieser Lebkuchen. Schon im Jahre 1840 nahm er eine Dampfmaschine zur industriellen Massenproduktion in Betrieb. Ab 1870 wurden Oblatenlebkuchen bereits in die heute noch bekannten reich verzierten Weißblechdosen gepackt. Darin blieben sie länger weich und konnten problemlos weltweit an die Kunden verschickt werden. Zuerst gab es nur die »Weißen auf Oblaten«, dann auch die hochwertigen Nuss- und Mandel-, Makronen- oder Elisenlebkuchen.

Ein Kultgebäck mit vielen Namen

Wie ist der Lebkuchen oder Lebzelten eigentlich zu seinem Namen gekommen? Nach Meinung der allermeisten Sprachforscher leitet sich der erste Wortteil vom lateinischen »Libum« ab, was mit Fladen übersetzt werden kann. Die flache Form eines Fladens haben auch heute noch die meisten Honigkuchen mit Ausnahme einiger lokaler Spezialitäten aus Lebkuchenteig.

Der Begriff Zelten wird vom althochdeutschen »zelto« abgeleitet, was mit »flach ausgebreitet« übersetzt werden kann.

Während historische Quellen im Alpenraum und in Süddeutschland zumeist die Berufsbezeichnung Lebzelter verwenden, ist in den nördlichen Gebieten die der Lebküchner oder -küchler verbreitet.

In Herstellungsverfahren und Rezepturen unterscheiden sich Lebzelten und -kuchen aber nicht. Die nur aus Honig, Mehl und Gewürzen gebackenen Lebkuchen oder -zelten waren so hart, dass man sie beim Essen erst im Mund weich lutschen oder mit Flüssigkeit aufweichen musste. Daher wurde im süddeutschen Sprach-

raum ein ungehobelter, grober Mensch früher auch als »Zelten« bezeichnet.

In manchen Regionen, hauptsächlich im Osten Deutschlands, wird das traditionelle Honiggebäck auch als Pfefferkuchen oder Pfefferzelten bezeichnet, wobei das scharfe Gewürz im Teig gar nicht enthalten ist. Der Name erklärt sich damit, dass im Mittelalter alle exotischen Gewürze, von denen viele im Lebkuchen enthalten sind, als »Pfeffer« bezeichnet wurden. Auch das englische Gingerbread (Ingwerbrot) und das französische Pain d'épices (Gewürzbrot) weisen auf die Bedeutung der exotischen Zutaten hin.

KINDERBRINGER, SPINNERIN UND ABC-TAFERL

Neben dem süßen Genuss diente der Honiglebkuchen den Menschen immer schon für kultische Zwecke und vermittelte in seiner reichen Formen- und Bildersprache vielfältige Informationen und Botschaften. Die Bilder waren also nur selten reine Verzierung, sondern auch Verständigungsmittel der Menschen untereinander.

Ihre Blütezeit erlebte die Bildersprache der Honiglebkuchen vom 16. bis ins 18. Jahrhundert. Letzte Reste der jahrhundertealten Tradition, den Genuss mit Informationen und Botschaften durch Bilder zu verbinden, finden wir heute noch auf den Lebkuchenherzen der Jahrmärkte.

Die ältesten Belege für geformte oder gemodelte Honiglebkuchen sind die 47 Tonformen aus der Zeit um 2000 bis 1800 v. Chr., die man bei Ausgrabungen in einem Nebenraum der königlichen Bäckerei der Residenzstadt Mari am mittleren Euphrat entdeckt hat. Aus der römischen Antike sind uns tönerne Backformen für Lebkuchen mit Ornamenten und Figurenszenen überliefert. Dieser Bilderschatz umfasst nahezu alle Themen, die zur damaligen Zeit für die Menschen von Interesse waren. Neben den Porträts der Kaiser Antonius und Hadrian sowie vielen mythologischen Motiven sind auch zahlreiche erotische Darstellungen überliefert. Mit den Römern verbreiteten sich die gemodelten Honiglebkuchen bis nach Mitteleuropa. Leider gibt es dann bis ins 14. Jahrhundert hinein kaum Aufzeichnungen über dieses Thema.

Ein besonderes Ereignis in der Geschichte des gemodelten Honigzeltens war der Reichstag im April 1487 in Nürnberg. Hier ließ Kaiser Friedrich III. anlässlich des Festes 4000 aus Modeln mit seinem Bildnis geformte kleine Lebkuchen an die Kinder der Stadt verteilen. Dies ist das erste bekannte Beispiel für die Massenreproduktion eines Bildes auf Lebkuchen. Der Kaiser muss von der Kinderschar wohl sehr angetan gewesen sein. Er merkte an: »Es war ein wolgevalen, die Kindlein Nürnbergs zu sehen. Darumb nennt man diese Blätzlein auff den heutigen Tag Kaiser.« Auch heute noch gibt es im Sortiment eines bekannten Nürnberger Herstellers Lebkuchen mit der Bezeichnung »Kaiserlein«.

Nicht nur im süddeutschen Raum, sondern auch in Österreich und Ungarn gab es viele Lebzelten-Model. In Ungarn sind einige Holzformen mit den Porträts von Königen erhalten geblieben, die zur Krönung mit Lebzelten ausgeformt wurden. Auch vom jungen Preußenkönig Friedrich II. ist ein solcher Model im Museum für Schweizer Volkskunde in Basel zu sehen. Und aus Holland kennt man noch Lebkuchenmodel, die 1890 zur Krönung von Königin Wilhelmine gestochen wurden.

In Zeiten des Internets und der Massenmedien ist es für uns heute schwer vorstellbar, dass vor den gedruckten Zeitungen und der Erfindung der Fotografie die Reliefbilder der gemodelten Honigzelten ein wichtiges Informationsmedium waren – besonders für die Menschen im ländlichen Raum. Wie sich die bessere Gesellschaft in der Großstadt kleidete oder die neuesten technischen Errungenschaften, zum Beispiel die erste Dampflokomotive aussahen, bekamen viele Landbewohner erstmals über die Lebkuchenbilder zu sehen. Beim Adel erfreuten sich Lebkuchen mit heraldischen Motiven oder Darstellungen der neuesten Mode- und Frisurentrends großer Beliebtheit.

Die aus Modeln geformten Zelten mit biblischen Themen gehörten nicht zu den alltäglichen Nahrungsmitteln, sondern wurden hauptsächlich für besondere Festtage oder familiäre Anlässe benötigt. Der Anlass des Feiertages wurde bei Tisch bildlich erklärt, der Lebzelten gebrochen und dann gemeinsam verzehrt.

Etwa dreißig alte Holzformen zur Herstellung der Honigzelten werden in unserem Haus bis heute aufbewahrt. Sehr viele Motive beschäftigen sich mit wichtigen Festen des Kirchenjahres, so weist die Darstellung von Maria Verkündigung auf den Advent und das kommende Christfest hin. Für den Nikolaustag gab es sehr viele Abbildungen, die der Himmelsbote am 6. Dezember beim Besuch in der Familie auch gleich selbst mitbrachte. Neben der Darstellung des heiligen Nikolaus mit bischöflichem Gewand, Stola, Brustkreuz und Bischofsstab sowie seinen typischen Attributen, Buch und drei Äpfel, gibt es auch seinen furchterregenden Begleiter als gehörntes Ungetüm mit einem Sack voll Kinder.

Lebzelten mit der Anbetung Jesu durch die Hirten oder die Heiligen Drei Könige wurden an Weihnachten oder um den 6. Januar verschenkt. Den Wunsch nach himmlischem Segen auch im neuen Jahr versinnbildlicht der Model mit dem Christusknaben in einem Wagen, der von Engeln gezogen wird.

Zum Jahreswechsel war es Brauch, dass der Familienvater so genanntes Kinderzeilengebäck (in Reihen gebackene Fatschenkinder aus Lebkuchenteig) im Kreise der Familie verteilte, indem er für jeden eine Figur herunterbrach. Mit dem Verschenken der süßen »Neujahrskinder« wünschte man Fruchtbarkeit, heute würde man Erfolg sagen. Ein österliches Lebkuchengebäck war das Gotteslamm, oft mit den Attributen Kreuz, Fahne und Kelch dargestellt. Um den 29. September verschenkte man Lebzelten mit dem Bild des heiligen Michaels. Auf einem Model – einem der ältesten unserer Sammlung – ist er als Engel der Gerechtigkeit und Kämpfer für das Gute mit Schwert und Seelenwaage dargestellt.

Bei einem großen Teil der in Holz gestochenen Lebzeltenmotive geht es um Liebe, Verlobung, Hochzeit und reichen Kindersegen. Einige dieser Model aus unserem reichhaltigen Fundus will ich hier erläutern:

Das Liebespaar

Klar als Liebespaar erkennbar sind die Motive, die Mann und Frau eng aneinandergeschmiegt zeigen. Schenkte man seiner Liebsten einen solchen Lebkuchen, brauchte man nicht viele Worte, um seine Zuneigung kundzutun. Wenn die Angebetete die Gefühle erwiderte, biss sie gleich ein Stück ab und zeigte damit, dass sie ihren Verehrer »zum Fressen gern« hatte. Was man heute per SMS und Twitter übermittelt, drückte man in früheren Zeiten mit einem Honigzelten aus. Die Darstellungen des Liebespaares in den gemodelten Zelten sind über Jahrhunderte nahezu gleich geblieben. Der Mann steht mit dem rechten Fuß hinter seiner Dame, damit sie in ihrem schönsten Kleid voll zur Geltung kommt.

Der Wachsabguss aus einem anderen Lebzeltenmodel aus

unserem Museum enthält gleich mehrere verschlüsselte Symbole für Liebe, Treue und Erotik, die man bei oberflächlicher Betrachtung gar nicht wahrnehmen würde: Der Mann legt seinen Arm eng um die Frau und berührt mit einer Hand ihre Brust. Auf dem Herz über dem Paar steht eine »3«. Die Zahl gilt als Treueversprechen:

Nichts ist zwischen 2
schöner als die 3 (Treue)
und das 4 und 4 (für und für).

Über dem Paar halten zwei Tauben einen Kranz. Dieses Kranzmotiv wird seit dem frühen Mittelalter als Symbol verwendet, um ein Verlöbnis – auch das Eheversprechen – zu besiegeln. Die Tauben symbolisieren wohl die Hoffnung auf Harmonie und Frieden in der Partnerschaft. Unterhalb des Paares wird durch zwei Fatschenkinder der Kinderwunsch ausgedrückt.

Das Herz

Das Herzmotiv wird seit Ende des 17. Jahrhunderts immer öfter als Sinnbild für die Liebe verwendet. Eine gesteigerte Form der Liebe und Zuneigung soll das brennende Herz ausdrücken. Die Flammen sind bei diesem Model stilisiert und zu Blumenornamenten ausgearbeitet. Blütensprossen und Granatäpfel versinnbildlichen immer den Wunsch nach Fruchtbarkeit. Das Herz gehört zu den beliebtesten Darstellungen und hat als einziges Motiv die große Epoche der gemodelten Zelten bis auf den heutigen Tag überstanden. Lebkuchenherzen, mit farbigen Zuckerdekoren und flotten Sprüchen verziert, leben weiter auf unzähligen Volksfesten und Jahrmärkten im gesamten deutschsprachigen Raum.

Der Kinderbringer

Wo kommen die kleinen Geschwister her? Diese Frage, die man heutzutage den Kindern im Zeichen der sexuellen Aufklärung möglichst ehrlich zu beantworten versucht, war früher für die Eltern oftmals ziemlich lästig. Noch bevor der Storch für diese Rolle herhalten musste, gab es je nach Region unterschiedliche Figuren des Kinderbringers, die als Lebkuchenmotiv bei Tauffeiern gerne den Kindern geschenkt wurden. Man erklärte den Kleinen, dass der Kinderbringer einmal im Jahr ins Dorf komme, um die Babys bei den Familien abzuliefern. Und so war mit dem süßen Honigzelten, den die Kinder freudig verspeisten, schnell auch ihre Neugier gestillt.

In unserer Gegend finden wir die Gestalt oft als Mann oder Frau, die Fatschenkinder in Hosen- und Manteltaschen, in Schubkarren oder im Rucksack transportieren.

Wiege und Fatschenkind

Auch diese beiden Motive wurden gerne bei Tauffeiern verschenkt. Ebenso bei Hochzeiten, um dem jungen Paar damit reichen Kindersegen zu wünschen. Im bayerischen Dialekt verwendete man den Begriff »Fatsche« für Windel, Wickel oder Binde. In früheren Jahrhunderten war es üblich, Babys einige Wochen ziemlich streng in Stoffwindeln einzuwickeln, damit sie gerade wuchsen. Eine heute noch gebräuchliche Redewendung erinnert uns an diese Praxis. Wenn wir bei einem Streitgespräch unserem Gegenüber kundtun wollen, dass er mit seiner Meinung falschliegt, sagen wir: »Da bist du aber schiefgewickelt.«

Doppelfatschenkind

Ein besonders interessantes Motiv ist das Doppelfatschenkind. Hier handelt es sich aber nicht – wie man vielleicht vermuten könnte – um ein Symbol, das den Wunsch nach zweifachem Kindersegen ausdrücken sollte oder bei Zwillingsgeburten geschenkt wurde. Vielmehr stellen die Figuren ein Liebespaar dar. Das brennende Herz als Sinnbild der lodernden Liebe zwischen den beiden oder eine Blume an dieser Stelle deuteten darauf hin, dass aus dieser Umarmung neues Leben entstehen kann. Damit sollte ausgedrückt werden, dass Liebende oft naiv und unbeholfen wie kleine Kinder sein können. Junge unverheiratete Paare, die solche Zelten geschenkt bekamen, dürften die Anspielung als Warnung vor einer ungewollten Schwangerschaft wohl verstanden haben.

Interessant sind auch geschlechtsspezifische Sinnbilder, die auf Lebkuchen so häufig vorkommen wie auf kaum einem anderen Gebiet der Volkskunstbilder. Tabakspfeife, Pistole oder Säbel sind verschlüsselte Zeichen der Männlichkeit, während Rautenformen und Granatäpfel auf das weibliche Geschlecht anspielen.

Das Abc-Taferl

Mit dem Abc-Taferl, einem früher weitverbreiteten Geschenk für Schulanfänger, wollten die Eltern ihren Kindern das Lernen versüßen. Buchstabe für Buchstabe konnten die Kleinen abbrechen und beim Lutschen der harten Honigzelten schon das Abc lernen. Und wenn der Sohn oder die Tochter dann endlich beim Buchstaben Z angekommen war, fragten die Eltern: »Hast du's jetzt endlich gefressen?« – eine Redewendung, die wir heute noch gerne gebrauchen, um uns zu vergewissern, dass unser Gegenüber das Gesagte auch verstanden hat.

Als Verzierungen findet man auf den gemodelten Abc-Taferln auch Engel mit schützenden Flügeln oder einen Lehrer mit Rute als eindringliche Mahnung.

Der Brauch, der heute noch in den Buchstabennudeln weiterlebt, war schon in der Antike bekannt. Von den Römern ist überliefert, dass man Kindern Honigplätzchen in Form von Buchstaben gab, um ihnen das Lernen zu versüßen.

Reitersmann

Auf den gemodelten Lebzelten konnten auch die Menschen in ländlichen Gegenden die Bilder prächtig gewandeter Offiziere und Feldherren sehen, die sie sonst vielleicht nie zu Gesicht bekommen hätten. Auch feindliche Soldaten konnte das einfache Volk meist nur über die Lebkuchenbilder kennenlernen. Man zeigte die Bilder jedem im Haus und konnte den Feind dann gleich gemeinsam »auffressen«. Reiter in kämpferischer Pose auf einem zum Sprung ansetzenden Pferd waren Sinnbild für Mut und Tapferkeit und verkörperten das Idealbild wahrer Männlichkeit. Lebzelten mit diesem Motiv waren ein beliebtes Geschenk für Jungen am 2. Weihnachtsfeiertag, dem Namenstag des heiligen Stephanus. Er gilt als erster christlicher Märtyrer und ist Patron der Kutscher und Pferdeknechte.

Die Spinnerin

Das weibliche Gegenstück zum Reitersmann ist die Spinnerin – in früheren Jahrhunderten Symbol für Weiblichkeit schlechthin. Spinnen und Weben gehörten kulturgeschichtlich zu den charakteristischen weiblichen Arbeiten. Eine Frau, die sich um die Familie und die häuslichen Arbeiten kümmert, galt als großes Glück. Deshalb konnte man Familienangehörigen und Freunden mit dem Lebzeltenmotiv einer Spinnerin Glück, vielleicht auch Wohlstand wünschen. Spinnerin und Reitersmann gehörten zu den am häufigsten verschenkten Lebzelten. Eine besondere Rarität in unserem Fundus alter Holzformen stellt der von Franz Xaver Lidl gestochene Model aus dem Jahr 1770 dar. Auf der Vorderseite ist ein prächtiger Reiter abgebildet, auf der Rückseite eine Spinnerin. So konnten unsere Vorfahren zwei wichtige Motive in der Lebzelterei gewissermaßen im »Handumdrehen« herstellen.

Mit der Erfindung der Fotografie hatten ab Mitte des 19. Jahrhunderts die gemodelten Lebzelten als Medium zur Verbreitung von Informationen und Botschaften mehr oder weniger ausgedient. Die letzte technische Errungenschaft, die in Model gestochen und über den Lebzelten bestaunt werden konnte, war die Erfindung der Dampfeisenbahn. Die Coques du Dinant, die Berner Biber und die Zürcher Tirggel, die heute noch aus meisterhaft gestochenen Modeln geformt werden, sind meines Wissens die letzten Zeugen der uralten und einst so reichen Bildersprache.

Das Ende der gemodelten Zelten hing, wie schon erwähnt, zum großen Teil auch mit dem veränderten Geschmack der Kunden zusammen, die statt der harten Honigzelten nun die weichen Lebkuchen aus den Konditoreien bevorzugten. Diese hatten gegenüber den harten Honigzelten allerdings einen Nachteil: Die kunstvoll in Holz gestochenen Bilder der alten Lebkuchenmodel ließen sich mit den luftigen, weichen Teigen nicht mehr darstellen, weil die feinen Konturen beim Backen verschwammen.

Model Abc-Taferl und Reitersmann

Bunte Prägebilder für Honiglebkuchen

Weil die Kunden auf die gewohnten Bilder aber nicht völlig verzichten wollten, kam den Konditoren die neue Bilderflut bunter Drucksachen im 19. Jahrhundert gerade recht. Die Lebkuchenbäcker ersetzten die gemodelten Motive nun durch mehr oder weniger geistreiche Sinnsprüche und Bilder aus Papier und Zuckerguss. Die Themen drehten sich dabei hauptsächlich um die Liebe: »In Treue Dein«, »Ewig lieb ich Dich«, »Vergiss mein nicht«. Aber auch witzige, manchmal recht derbe Texte fanden bei den Kunden Anklang.

Eine neue Ära des Honiglebkuchens war angebrochen. Vor allem die bunten Prägebilder mit den typischen Biedermeiermotiven verhalfen dem Traditionsgebäck zu einem neuen Aufschwung. Nun war es nicht nur der Lebkuchen selbst, sondern vor allem auch die bunte Bilderpracht, die den Kaufanreiz gab. Die Prägebilder wurden in Deutschland und in England von großen Druckereien hergestellt, wie der Luxuspapierfabrik W. Hagelbeck in Berlin.

Die Bilder dienten anfänglich fast ausschließlich zur Dekoration der Honiglebkuchen beim Lebzelter oder Konditor. Für diese war es noch nie so einfach, Bildzelten herzustellen: Mit Zuckerguss wurden die Drucke einfach auf die Lebkuchen geklebt oder, wenn das Motiv es verlangte, mit Zuckerglasur aus der Spritztüte weiter ergänzt. So gab es Köpfe, Hände und Beine als Buntdrucke und der Konditor konnte Gesichter und Kleider mit dem Zuckerfaden aus der Spritztüte nach eigener Fantasie selbst ergänzen. Die Vielfalt an Motiven war schier unerschöpflich: Herzen mit romantischen Liebes- und Freundschaftsbekundungen, Engel in allen Größen, Krippendarstellungen, überquellende Blumenkörbe, exotische Tiere, Osterhasen, Nikoläuse, Früchte und sogar Autos konnte man auf den Lebkuchen bestaunen.

Die Bilder waren kunstvoll und aufwändig geprägt, bunt gefärbt, gelackt und zum Teil mit silbernem oder goldenem Glimmer belegt. Diese Zeit reichte bei uns, wie ich alten Rechnungen entnehmen kann, bis Anfang der 1930er Jahre. Zahlreiche Kartons voller Originalbilder aus dieser Zeit haben wir noch im Fundus unseres Lebzeltermuseums.

In der modernen Süßwarenbranche ist von den vielen Motiven der bunten Lebkuchenbilder im Biedermeierstil heute nur noch ein einziges übrig geblieben: Der heilige Nikolaus, auf billiges, dünnes Papier gedruckt, klebt heute auf den Fabriklebkuchen, die schon ab Oktober in den Supermärkten angeboten werden.

Matthias Ebenböck, einer der ganz großen traditionsreichen Münchner Lebzelter und königlicher Hoflieferant für Wachslichter, versuchte in der zweiten Hälfte des 19. Jahrhunderts den Umsatzeinbrüchen seiner Lebkuchenfabrik mit einer kreativen Idee zu begegnen. Er beauftragte befreundete Grafiker und Künstler, darunter den bekannten Maler Carl Spitzweg, zeitgerechte Bilderideen als Vorlage für Lebkuchendekorationen zu entwerfen. Einige davon sind heute im Münchner Stadtmuseum aufbewahrt und ein Spiegelbild der damaligen Gesellschaft in der Landeshauptstadt. Nach diesen künstlerischen Vorlagen ließ Ebenböck in seiner Fabrik an der Nymphenburger Straße anfänglich mit der Spritztüte die Konturen der Vorlagen auftragen und dann die Flächen mit farbigen Zuckerglasuren füllen. Der Erfolg war enorm und die Herstellung musste rationalisiert werden. Mit perforierten Schablonen wurde mittels Talkumpulver das Motiv auf den Lebkuchen übertragen, dann die Kontur mit der Spritztüte nachgezogen und mit farbiger Zuckerglasur gefüllt. Die rege Nachfrage von Kunden aus ganz Deutschland brachte wieder

Schwung in die Herstellung der Backwaren, die unter der Bezeichnung »Münchner Künstlerlebkuchen« bis heute ein Begriff sind.

Auch Hermann Bahlsen, Gründer der bekannten Keksfabrik in Hannover, ließ um 1900 nach dem erfolgreichen Münchner Vorbild farbige Künstlerlebkuchen herstellen. Ausführlich wurde der neue Trend in Kunst- und Familienzeitschriften beschrieben und fand auch in der Fachliteratur von Lebküchlern und Konditoren Beachtung. Der Ausbruch des Ersten Weltkrieges bedeutete in Deutschland leider das Ende für diese besondere Form feiner Gebäckkunst. Nur im schweizerischen Appenzell wurde die Idee der »Münchner Künstlerzelten« fortgeführt – in gleicher Herstellungsweise und mit Bildmotiven aus dem schweizerischen Volksleben. Im November 1913 machte die Konditorei Fässler in Appenzell erstmals auf ihre »Chlausebickli in großer und schöner Auswahl« aufmerksam. Der heutige Besitzer der Konditorei stellt auch heute noch in der Adventszeit die Nachfolger der Münchner Künstlerlebkuchen nach alten Methoden her. Die Bezeichnung »Chlausebickli« kommt vom heiligen Nikolaus und dem Appenzeller Ausdruck Bickli, der etwas Schönes und Edles wie zum Beispiel ein kostbares Möbelstück oder auch ein liebevoll verziertes Gebäck beschreibt. So sind denn auch die »Chlausebickli« nicht gerade billig.

Mit dem großen Erfolg der im Dezember 1893 uraufgeführten Humperdinck-Oper *Hänsel und Gretel* breitete sich das Lebkuchenhaus als Weihnachtsgebäck in Europa aus, und es hat sich bis heute behauptet.

DER MODELSCHATZ DER LEBZELTER

Was fällt Ihnen bei dem Wort Model ein? Würde man diese Frage den Passanten am Münchener Marienplatz oder in irgendeiner anderen deutschen Großstadt stellen, bekäme man als Antwort wohl ausschließlich Namen wie Heidi Klum oder Naomi Campbell zu hören. Wenn der Konditor oder Volkskundler vom Model (mit langem »o«) spricht, dann hat das damit rein gar nichts zu tun, sondern mit uralter Handwerkstradition.

Das (oder auch: der) Model bezeichnet die alten Holzformen, aus denen Wachszieher und Lebzelter früher Votivgaben aus Bienenwachs gegossen und die Reliefbilder der Honiglebkuchen reproduziert haben. Der Begriff Model stammt, wie das deutsche Wort Modell, wohl vom lateinischen modulus, Maß(stab), ab.

Dabei unterscheidet der Wachszieher und Lebzelter zwischen zwei unterschiedlichen Arten von Modeln. Bei der einen handelt es sich um in Holz gestochene Reliefbilder zur Herstellung von Gebäck und Marzipan, bei der zweiten Gruppe um dreidimensionale Hohlformen zum Abguss plastischer Wachsfiguren: Männer und Frauen in betender Haltung, Köpfe, Arme, Beine und andere Körperteile, Tiere und Häuser. Diese Votivgaben wurden vor allem im 16., 17. und 18. Jahrhundert von den Menschen beim Wachszieher gekauft, um sie in Wallfahrtskirchen zu opfern und damit himmlischen Beistand bei Krankheiten oder anderen Notlagen zu erbitten oder für die erlangte Hilfe zu danken.

Die Reliefmodel haben die Kulturgeschichte des Backens künstlerisch bereichert wie kaum ein anderes Werkzeug. Mesopotamische Model aus Terrakotta sind schon aus dem 3. Jahrtausend v. Chr. bekannt – allerdings wurden sie damals wohl überwiegend dazu verwendet, Keramik für Dekorationszwecke zu formen. Erst später nutzte man Tonformen vermehrt auch für die bildliche Ausgestaltung von Backwerk und anderen Lebensmitteln. Bei der Herstellung von Honiglebkuchen wurden die Tonformen etwa ab dem 15. Jahrhundert von den stabileren Holzmodeln abgelöst. Die Reliefmodel lassen sich in vier Gruppen einteilen: die Lebzelten-, die Marzipan-, die Eiermarzipan- und die Tragant-Formen.

Die *Lebzeltenmodel* sind immer relativ flach gestochen, damit sich der zähe Honigteig aus den feinen Vertiefungen lösen lässt und der dünne Lebkuchen gleichmäßig durchgebacken werden kann.

Ganz anders die *Marzipanmodel*. Hier sind die Bildmotive wesentlich tiefer in die Form gestochen, um ein dickes Marzipanstück zu bekommen, das nicht so schnell austrocknet. Durch das im Marzipan enthaltene Mandelöl war es für den Lebzelter kein Problem, den Abdruck aus der tieferen Form zu lösen. In der Sammlung unseres Hauses befindet sich ein besonders schön gestochener Marzipanmodel von meinem Vorgänger André Huetterer. Die mit »A 1730 H« signierte Holzform ist so gut erhalten, dass wir daraus heute noch unsere Marzipanbrote formen können. Marzipan war im 18. Jahrhundert noch eine sehr teure und für arme Leute unerschwingliche Spezialität. Deshalb wundert es mich nicht, dass sich im Fundus unseres Betriebes nur wenige Model zum Ausformen von Marzipan finden.

Findige Zuckerbäcker hatten schnell eine Alternative zum teuren Marzipan gefunden, das so genannte Eiermarzipan, auch »Springerle« genannt. Es wurde mit einem Teig aus Mehl, geschlagenem Eiweiß und Puderzucker hergestellt. Die vor allem während der Biedermeierzeit gestochenen *Springerle-*

Model fanden nicht nur in Lebzeltereien oder Konditoreien Verwendung, sondern zunehmend auch in Privathaushalten. Besonders zierlich, fein und flach gestochen sind die Bildmotive der *Tragant-Model*. Über venezianische Händler kam wohl schon im 16. Jahrhundert das Tragant auch zu den Zuckerbäckern in Deutschland. Den Saft des mediterranen Bocksdornstrauches verarbeiteten sie mit Zucker, Eiweiß und Rosenwasser zu einer formbaren Masse, die nach dem Trocknen steinhart wird. Jede noch so zarte Vertiefung des Modelreliefs ließ sich mit Tragant problemlos abbilden, und so war es für die Konditoren ein idealer Werkstoff, um feinste Ornamente, Figuren, Blumengebilde und großartige Tortenaufsätze herzustellen. Später wurde dieses essbare Zuckerwerk auf fürstlichen Tafeln von prunkvollem Porzellanschmuck abgelöst.

In unserer Lebzelterei in Pfaffenhofen besitzen wir noch einen großen Schatz alter Model, die wir von unseren Vorgängern übernommen haben. Diese Holzformen dokumentieren eindrucksvoll, welche künstlerische Qualität auch in den profanen Gerätschaften eines Handwerksberufes stecken kann. Teilweise sind auf der Stirn- oder Rückseite der Model die Jahreszahl der Entstehung und die Initialen des Auftraggebers oder des Modelstechers mit dem Messer eingekerbt – überaus wichtige Belege zur Dokumentation der über 400-jährigen Handwerksgeschichte unseres Wachszieher- und Lebzelterhauses. Bei manchen Model schnitzte der Lebzelter seine Initialen auf der Vorderseite in das Motiv mit ein, so dass es als Gütezeichen auch auf jedem Lebzelten erschien – wohl eines der frühesten Markenlabel, das den Kunden auf den Hersteller hinwies.

Jeder Wachszieher und Lebzelter musste nach der Zunftordnung bei der Meisterprüfung auch die Fähigkeit nachweisen, Model stechen zu können. Die Münchner Zunftordnung

Model für Eiermarzipan

verlangte als Meisterstück nicht nur eine einfache Reliefform, sondern ein zweiteiliges Model zum plastischen Abguss eines springenden Pferdes aus Wachs.

Die künstlerisch besonders begabten Gesellen und Meister genossen in der Branche hohes Ansehen. Manche gingen mit ihrem Stechwerkzeug auf die Stör (Wanderschaft), um den Wachsziehern und Lebzeltern im ganzen Land ihre Dienste anzubieten und die Model nach den individuellen Wünschen der Auftraggeber zu stechen. Dabei musste der Modelstecher die Fähigkeit haben, das gewünschte Motiv mit dem Werkzeug als Negativ auf das Holz zu übertragen. Immer wieder drückte er im Verlauf der Arbeit einen ungebackenen Lebkuchenteig in die Form, um an seinem Werkstück die plastische Wirkung des späteren Abdrucks oder Gusses kontrollieren zu können.

Die Model wurden aus besonders feinfaserigen Obstbaumhölzern gestochen, da in diesen die kleinen Details der Motive am besten dargestellt werden konnten. Außerdem garantierte die Härte des Holzes, dass sich die Formen beim häufigen Gebrauch nicht so schnell abnutzten und die Bilder über Jahrhunderte in voller Schönheit erhalten blieben.

Ende des 19. Jahrhunderts, als sich die Lebzeltereien zu Konditoreien gewandelt hatten und statt der gemodelten Honiglebkuchen Schaumrollen verkauften, wurden die alten Holzformen für die Produktion wertlos. Viele Konditoren, die sich ganz den modernen Zeiten verschrieben hatten, sahen nur noch den Heizwert und verbrannten ihre jahrhundertealten Holzformen in den Backöfen. Andere, darunter glücklicherweise auch unsere Vorgänger in Pfaffenhofen, gossen die Lebzeltenmodel mit Wachs aus und verkauften die Reliefbilder als Wandschmuck.

Die übriggebliebenen Model wurden weitervererbt und sind mittlerweile vielfach im Besitz privater Sammler oder lagern in den Depots unserer Museen. Das Gleiche gilt für die Holzformen zur Herstellung von Votivgaben, die später durch Galvanos (Kupferformen), Gipsschwefel- oder Silikonformen ersetzt wurden. Die daraus gegossenen Figuren dienen in jüngerer Zeit aber kaum noch ihrem eigentlichen Zweck als religiöse Opfergaben, sondern werden als Volkskunstobjekte fast nur noch von interessierten Sammlern gekauft.

DIE DREI LEBKUCHENGRUPPEN

Die in Deutschland verbreiteten Lebkuchenarten lassen sich in drei Hauptgruppen unterteilen: Honig- oder braune Lebkuchen, Oblatenlebkuchen und Lebkuchengebäck. Dabei sind die Honiglebkuchen die ältesten, dann folgen die braunen Lebkuchen, die Oblatenlebkuchen und die Lebkuchengebäcke.

Honig- oder braune Lebkuchen

Honiglebkuchen oder braune Lebkuchen werden aus einem knetbaren, sehr festen Teig hergestellt, dessen Hauptbestandteil Mehl ist. Überwiegt der Honig als Süßungsmittel, darf die Bezeichnung Honiglebkuchen verwendet werden. Wenn der Teig jedoch mehr Zucker als Honig enthält, spricht man von braunen Lebkuchen. Honiglebkuchen und »Braune« sind in ganz Europa auch Teil einer traditionsreichen und vielgestaltigen lokalen Backkultur.

Heutzutage findet man für die alte, hochwertige Herstellungsweise von Lebkuchenteigen oft keine Zeit mehr. Natürlich kann man auch einen Lebkuchenteig herstellen und schon am nächsten Tag backen. Jedoch wird man auf diese Weise niemals die Qualität, den typischen Geschmack und die feine Krume erreichen wie bei Lebkuchen, die nach den jahrhundertealten Verfahren vom Lebzelter hergestellt werden.

Dabei wird aus der gesamten Honig- oder auch Zuckermenge eines Rezeptes mit einem Teil des Mehls ein Grundteig gemischt und über mehrere Monate in Holzbehältern gelagert. Durch den einsetzenden natürlichen Gärprozess bauen Milchsäurebakterien in geringem Maße den üppig vorhandenen Zucker ab und wandeln ihn in verschiedene Säuren, unter anderem Milchsäure, um. Bei diesem Prozess wird nicht nur das Aroma, sondern auch ein natürliches Triebmittel, das zu einer gleichmäßigen Lockerung des Teiges führt, aufgebaut.

Zum Backen der Lebkuchen musste dieser Grundteig früher aus dem Holzzuber geschnitten und mit einer speziellen hölzernen Vorrichtung, der Teigbreche, zerkleinert werden. Dann erst wurde der Lagerteig mit den weiteren Zutaten und Gewürzen vermischt und zum backfertigen Teig geknetet.

In unserem Betrieb lagern wir ständig größere Mengen des Grundteiges in großen Körben im Keller. Ich selbst habe schon Teige, die zwei Jahre lang gelagert waren, mit bestem Ergebnis gebacken. Dieses aufwändige Herstellungsverfahren für Honigteige finden wir übrigens nicht nur bei den professionellen Lebzeltern, sondern auch in alten Kochbüchern.

Um die Qualität zu bewahren, produzieren wir unsere Honiglebkuchen bis heute nach den traditionellen Methoden unserer Vorgänger. Die in früherer Zeit äußerst anstrengende Arbeit der Teigzubereitung wird heute durch moderne Maschinen wesentlich erleichtert.

Oblatenlebkuchen

Zu den Oblatenlebkuchen zählen die Elisen-Lebkuchen, die Walnuss-Lebkuchen, weiße Lebkuchen, Makronen-Lebkuchen und die Haselnuss-Lebkuchen. Alle Oblatenlebkuchen werden aus einer frisch zubereiteten, dressierfähigen, weichen Masse hergestellt. Nüsse, Mandeln, Marzipan und Zucker, Eiweiß oder Eier sind hier die Hauptbestandteile neben Mehl, Orangeat, Zitronat und Gewürzen. Mehl ist in Oblatenlebkuchen nur in kleinsten Mengen enthalten.

Die weiche Lebkuchenmasse wird von Hand einzeln auf Oblaten gestrichen, um ihr einen Boden zu geben. Nach dem Trocknen kann man sie dann backen. Oblatenlebkuchen sind mit ihrer vielleicht nur 100 Jahre alten Geschichte zwar in keiner Weise vergleichbar mit der langen Tradition der Honigzelten, aber sie bieten dem Konsumenten durch ihren hohen Nuss- und Mandelanteil ein besonderes Geschmackserlebnis.

Lebkuchengebäcke

Lebkuchengebäcke werden aus Lebkuchenteigen hergestellt und mit verschiedenen Füllungen und Früchten verfeinert. Die Füllungen können mitgebacken werden, wie zum Beispiel das Marzipan bei den St. Galler Bibern, oder man gibt sie nach dem Backen in die Lebkuchen, wie etwa das Fruchtgelee bei Dominosteinen. Zu den Lebkuchengebäcken zählen auch regionale Spezialitäten wie Basler Leckerli, Liegnitzer Bomben oder Thorner Kathrinchen. Lebkuchengebäcke können statt mit Honig und weißem Zucker auch mit Kandiszucker oder Sirup gesüßt werden.

Verschiedene Lebkuchen und Lebkuchengebäcke aus unserer Backstube

LEBKUCHENSPEZIALITÄTEN – EINE EXKURSION IN DIE EUROPÄISCHEN LEBKUCHENZENTREN

In vielen europäischen Ländern sind durch die lokale Backkultur Lebkuchen-Spezialitäten entstanden, die auf eigene, charakteristische Art hergestellt und verziert werden. Einige erlebten mit der Industrialisierung um 1900 einen kometenhaften Aufstieg und dürfen durch geschützte Herkunftsbezeichnungen nur in einer Stadt oder Region hergestellt werden.

Nürnberger Lebkuchen

Nürnberg gilt als die Lebkuchenstadt schlechthin. Der weltbekannte »Nürnberger Lebkuchen« bezeichnet aber keine besondere Rezeptur oder Herstellungsart, sondern ist nur eine Herkunftsbezeichnung für viele verschiedene Lebkuchensorten, die in Nürnberg produziert werden.

Den legendären Ruf des Nürnberger Lebkuchens verdankt die Stadt der Tatsache, dass sie schon seit Jahrhunderten eine Hochburg der Lebkuchenbäcker ist und die größten Hersteller hier beheimatet sind. Ihr Aufstieg zur Lebkuchenmetropole hängt wohl mit den günstigen Standortbedingungen der Frankenstadt zusammen, wie der Nähe zum Reichswald, der sich rund um Nürnberg ausdehnte. So war es den Zeidlern (Waldimkern) ortsnah möglich, die Stadt mit großen Mengen Honig von wildlebenden Bienen zu versorgen. Weil Nürnberg auch am Knotenpunkt der wichtigsten Handelswege lag, konnten von hier aus die Lebkuchen direkt in alle Welt vertrieben werden. Auch die zur Herstellung der Lebkuchen benötigten exotischen Gewürze waren über diese Fernhandelsstraßen problemlos zu beschaffen. Außerdem war Nürnberg lange Zeit der wichtigste Handelsplatz für Zucker. Es gab hier nicht nur überdurchschnittlich viele Lebzelter, sondern in der Zeit der Industrialisierung auch mehrere große Lebkuchenfabriken, die ihre Produkte in alle Welt verschickten

Aachener Printen

Aachen ist die Heimat der berühmten Printen und Stammsitz der Firma Lampertz (1688 gegründet), heute einer der größten Lebkuchenhersteller Europas. In Modeln geformte, aus Honigteig steinhart gebackene Lebkuchen mit verschiedensten Bildmotiven gab es in der Region um Aachen schon im 15. Jahrhundert. Der Name Printen kommt vom niederländischen »print«, was Druckplatte oder Abdruck bedeutet. Die ortsspezifische Bezeichnung »Aachener Printen« entstand aber erst zu Beginn des 19. Jahrhunderts für eine von Henry Lampertz IV. neu kreierte Sorte brauner Lebkuchen, für die er erstmals statt Honig den billigeren Zuckerrübensirup verwendete. Der nun wesentlich weichere Teig wurde nicht mehr in Modeln geformt, sondern flach ausgebreitet ohne bildliche Motive gebacken und danach in die typische rechteckige Printenform geschnitten. Um 1860 verhalf Lampertz den Aachener Printen überregional zum Durchbruch, als es ihm gelang, durch neuartige Verarbeitungsmethoden die Lebkuchen mit flüssiger Schokolade zu überziehen. Charakteristische Besonderheit der Aachener Printen sind die im Teig ver-

arbeiteten winzigen Kandiszuckerstücke, die beim Kauen knistern. Neben den einfachen braunen Kräuterprinten werden in Aachen heute auch zahlreiche feine Variationen wie Saft-, Nuss- und Schokoladeprinten hergestellt. Die »Original Aachener Printen« sind durch die Europäische Union als Produkt mit geschützter geografischer Angabe zertifiziert.

Pulsnitzer Pfefferkuchen

Wie Aachener Printen und Nürnberger Lebkuchen zählen Pulsnitzer Pfefferkuchen zu den geschützten Produktbezeichnungen. Die acht Pfefferküchler in der 7500 Einwohner zählenden Stadt zwischen Dresden und Bautzen gehören als eigene Innung dem Landesverband des Bäckerhandwerks im Freistaat Sachsen an. In ganz Deutschland gibt es keinen anderen derartigen Zusammenschluss von Handwerksbetrieben, die das ganze Jahr über nur Pfefferkuchen backen und ausschließlich von diesem Geschäft leben.

Die »Original Pulsnitzer Pfefferkuchen« werden aus einem mit Honig und Sirup gesüßten Grundteig hergestellt, der teilweise mehrere Jahre lang gelagert wird. Bekanntestes Produkt der Stadt sind die mit Schokolade überzogenen und gefüllten Pulsnitzer Spitzen. Außerdem gibt es noch zahlreiche ungefüllte Spezialitäten wie Alpenbrot, Pflastersteine und seit neuestem auch Bio-Vollkorn- oder Hanf-Pfefferkuchen. Sehr beliebt sind die mit bunten Zuckerglasuren verzierten Pfefferkuchen. Seit 2003 lockt der Pulsnitzer Pfefferkuchenmarkt alljährlich im November bis zu 100 000 Besucher in die sächsische Kleinstadt.

Basler Leckerli

Auch Basel ist eine berühmte Lebkuchenstadt und hat wie Aachen eine überregional bekannte Spezialität. Die Basler Leckerli (oder Läckerli) heben sich von den anderen Honiglebkuchen durch die besondere Herstellungsart der Teige ab. Dafür verwenden die Konditoren auch kandierte Früchte sowie Haselnüsse und Mandeln. Der fertig gebackene Honigkuchen wird mit Zuckerglasur überpinselt und in rechteckige Stücke geschnitten.

St. Galler und Appenzeller Biber

Charakteristisch für die St. Galler Biber ist die Mandel- oder Marzipanfüllung, die in den Honiglebkuchen mitgebacken wird. Sie werden als kleine, trapezförmig geschnittene Süßigkeiten angeboten. Der große Biber ist ein rechteckiger Honiglebkuchen, auf dessen Vorderseite mit einem Model ein Bild eingeprägt ist, meist ein stehender Bär, das Appenzeller Wappentier. Beim Appenzeller Biberfladen handelt es sich um ein flaches Lebkuchengebäck, das in der Region ganzjährig hergestellt wird. Die Bezeichnung »Biber« hat übrigens nichts mit dem Nagetier zu tun, sondern geht vermutlich auf das lateinische piper oder piment (Pfeffer, Nelkenpfeffer) zurück.

Hamburger Braune Kuchen

Unter dieser Bezeichnung versteht man dünne Plätzchen, die häufig aus einer Mischung von Weizen- und Roggenmehl mit Honig bzw. Sirup, Nelken, Zimt und Piment knusprig gebacken werden. Braune Kuchen sind auch in Skandinavien sehr beliebt. In runder Form nennt man sie Helgoländer Nüsse.

Thorner Kathrinchen

Zu den großen Lebkuchen-Städten gehört das heute polnische Toruń, deutsch: Thorn. In einem Kloster der ehemaligen Hansestadt sollen im 16. Jahrhundert die »Thorner Kathrinchen« entstanden sein – einfache Honiglebkuchen ohne Füllung. Heute gibt es sie auch mit Schokoladenüberzug. Bekannt sind auch die Thorner Pflastersteine, kleinere runde oder eckige Lebkuchen mit weißer Zuckerglasur. Sie werden mit oder ohne Füllung gebacken. Die Thorner Figurenlebkuchen sind teilweise sehr große Gebildbrote in Form von Bauwerken, Kutschen oder menschlichen Figuren. Sehr gefragt sind auch die Thorner Lebkuchenherzen mit ihrem typischen Gittermuster. Jedes Jahr findet in Toruń ein Lebkuchenfest statt.

Neisser Konfekt

Das Neisser Konfekt ist eine Pfefferkuchenspezialität, die schon im Mittelalter in der schlesischen Stadt (polnisch: Nysa) entstanden sein soll. Die würzigen Plätzchen werden als »Braunkonfekt« angeboten oder als »Schokoladenkonfekt« mit einer Glasur aus Zartbitterschokolade oder Zuckerguss. Bis zum Beginn des 2. Weltkriegs waren sie eine überregional begehrte Spezialität. Große Fabriken belieferten von Neisse aus die Kunden im In- und Ausland. Nach dem Krieg versuchten einige aus Schlesien geflüchtete Lebküchler in ihrer neuen Heimat die Pefferkuchenfabriken wieder aufzubauen. Bald mussten sie die großen Pläne mangels Nachfrage aber aufgeben und ihre Betriebe in normale Bäckereien umwandeln. Hier stellen sie die Neisser Konfekte heute nur noch als saisonale Spezialität her.

Liegnitzer Bombe

Bei der Spezialität aus der heute polnischen Stadt Legnica in Niederschlesien handelt es sich um kleine runde Lebkuchen mit Füllungen aus Marzipan und Früchten. Neben kandierten Kirschen, Orangeat oder Rosinen werden auch gehackte Mandeln zur Verfeinerung verwendet. Der Produktname »Liegnitzer Bombe« ist keine geschützte Herkunftsangabe. Vor dem 2. Weltkrieg exportierten die Liegnitzer Pfefferkuchenbäcker ihre Süßigkeiten in alle Welt, heute bieten nur noch wenige Backwarenhersteller in der Oberlausitz und in Nordrhein-Westfalen die Liegnitzer Bomben an.

Kruidnoten (holländische Pfeffernüsse)

In Holland heißen die Pfeffernüsse Kruidnoten, die dort speziell um den Nikolaustag herum, aber auch in der übrigen Vorweihnachtszeit neben gefüllten Spekulatius und Zuckerplätzchen angeboten werden. Äußerlich ähneln die Kruidnoten eher braunen Kieselsteinen, aber der würzige Geschmack mit feinen Anis-, Zimt- und Ingweraromen soll angeblich schnell süchtig machen. Eine andere lebkuchenartige Spezialität unserer Nachbarn ist der niederländische Frühstückskuchen »Ontbijtkoek«.

Couques de Dinant

Die belgische Stadt Dinant wird in verschiedensten Publikationen immer wieder als der Ort bezeichnet, an dem erstmals Lebkuchen, wie wir sie heute kennen, gebacken worden sein sollen. Allerdings gibt es dafür keine eindeutigen historischen Quellen. Belegt ist, dass in Dinant schon im 16. Jahrhundert die berühmten Couques de Dinant hergestellt wurden, hart gebackene, in kunstvollen Relief-Modeln geformte Honiglebkuchen mit vielfältigen Bildmotiven. Während die deutschen

Lebzelter und Lebküchner die Herstellung dieser Gebildbrote im 20. Jahrhundert aufgaben, ist die Tradition in Dinant bis heute lebendig geblieben. Noch immer begeistern die Couques-Bäcker ihre Kundschaft mit einer Vielzahl von Lebkuchen mit historischen und modernen Motiven. Um die steinharten Couques zu genießen, werden sie in kleine Stücke gebrochen und wie Karamellbonbons gelutscht, wobei der Honig sein ganzes feines Aroma entfaltet.

Pain d'épices

In Frankreich kennt man die Lebkuchen unter der Bezeichnung Pain d'épices (Gewürzbrot). Die zehn Zentimeter hohen kastenförmigen Honigkuchen werden mit karamellfarbiger Krume in verschiedenen Gewürzvariationen, mit Anis-, Orangen- oder Zitronengeschmack, hergestellt. Im Elsass ist der Honigkuchen mit einer kräftigen Prise Zimt gewürzt.

Gingerbread

Der Ausdruck verweist auf den Ingwer (englisch: Ginger) und andere kräftige Gewürze dieser in Großbritannien und Nordamerika verbreiteten Spezialität. Typisch ist auch der feine Orangengeschmack dieses Gebäcks, das in verschiedenen Formen hergestellt wird. Absoluter Klassiker ist der Gingerbread Man (Lebkuchenmann), eine Figur aus der britischen Märchenwelt.

Brune Kager und Pebernodder

Zu den skandinavischen Lebkuchenspezialitäten gehören die dänischen Pebernodder (Pfeffernüsse) oder »Brune Kager« (Braune Kuchen) mit fein gehackten Nüssen als Belag. Berühmt sind auch die Honigkuchen (Honningkager) aus Christiansfeld, die von deutschen Siedlern um 1780 hierher gebracht worden sind. Die örtlichen Bäckereien bieten die leckeren Honigkuchen in vielfältigen Formen und Farben an.

Russische Prjaniki

In Russland heißen die Lebkuchen Prjaniki. Die einfacheren kennt man als dicke Kekse mit einem weißen Überzug, während die hochwertigeren Varianten häufig aus Holzmodeln geformt werden. Früher wurden diese Gebildbrote zu festlichen Anlässen wie Geburten oder Hochzeiten gebacken und verschenkt. Die Lebkuchenbäcker, Prjanischniki, waren angesehene Handwerker, die ihre geheimen Rezepte von Generation zu Generation weitergaben. Bekannt für ihre Prjaniki ist die westrussische Großstadt Tula, die auch ein Lebkuchenmuseum beherbergt.

Magenbrot

Magenbrot kennt man heute als rautenförmige, manchmal dünn glasierte, süße Gebäckstücke, die vor allem auf Jahrmärkten verkauft werden. Die dunkle Farbe bekommen sie durch die Beimischung von Kakao. Das beliebte Gebäck enthält zwar auch viele magenfreundliche Gewürze wie Zimt, Sternanis und Nelken, unterscheidet sich aber doch erheblich von dem früher in der Nordschweiz und Süddeutschland verbreiteten lebkuchenartigen Magenbrot, das man auch als Alpenkräuterbrot bezeichnete.

Pfeffernüsse

Wie bei den Pfefferkuchen ist auch in den Pfeffernüssen in der Regel kein Pfeffer (im Mittelalter Sammelbegriff für alle exotischen Gewürze) enthalten. Von Pfeffer-»Nüssen« spricht man wegen ihrer kleinen, rundlichen Form, in der sie oft angeboten werden. Pfeffernüsse sind in zahlreichen deutschen Regionen in unterschiedlichen Formen und Rezepturen verbreitet. Im Norden kennt man sie als lebkuchenartige, sehr würzige Spezialität, die als kleine Halbkugeln gebacken werden. Bei den süddeutschen Pfeffernüssen handelt es sich in der Regel um ein Eiweißgebäck. In Sachsen haben die Pfeffernüsse eine eher eckige Form, da sie von einer Teigrolle abgeschnitten werden. In der Regel werden sie nach dem Backen weder mit Schokolade noch mit Zuckerglasur überzogen.

AUS DEM REZEPTBUCH MEINES GROSSVATERS

Das Lebzelter- und Wachsziehermuseum im Café Hipp birgt viele Schätze: jahrhundertealte Wachsfiguren, Holzformen und Gerätschaften, wie man sie anderswo kaum noch zu sehen bekommt. Ein ganz besonders wertvolles Stück wirkt dagegen eher unscheinbar: Ein schwarzes Notizbuch im DIN-A4-Format mit einem festem Pappeinband und in altdeutscher Handschrift beschriebenen, schon leicht vergilbten Seiten. Es ist das Rezeptbuch meines Großvaters Joseph Hipp und enthält den gesamten Erfahrungsschatz eines langen Berufslebens als Lebzelter und Konditor. Diese Rezepte und seine zahlreichen praktischen Hinweise zur Auswahl und Behandlung der verwendeten Rohstoffe sind auch heute noch eine Grundlage für viele Rezepturen unseres modernen Konditoreibetriebes.

Zu Zeiten meines Großvaters um 1900 konnten Konditoren und Lebzelter noch nicht auf eine große Fachbibliothek, wie ich sie heute besitze, zurückgreifen und sich schon gar nicht ihre Informationen mit ein paar Mausklicks im Internet besorgen. Gute Rezepte waren ein wertvolles Kapital, das man sich hart erarbeiten musste.

Die Lehrzeit und die Wanderjahre als Geselle waren für junge Konditoren schon immer unerlässlich, um in verschiedenen Stellungen fachliches Wissen zu sammeln und vor allem auch spezielle Rezepturen anderer Betriebe und regionale Spezialitäten kennenzulernen. Natürlich ließ sich nicht jeder Konditoreibesitzer ohne weiteres in seine Rezeptbücher schauen. Manche hüteten die genaue Zusammensetzung ihrer Teige als Betriebsgeheimnis und gaben davon auch dem eigenen Personal nur so viel Preis, wie dies zur Produktion in der Backstube unerlässlich war. Mein Großvater musste dies erleben, als er nach einer langen Wartezeit endlich als Geselle in einem führenden Konditoreibetrieb angestellt worden war. Die Rezepte der im weiten Umkreis gerühmten Kuchen und Torten wollte Joseph Hipp später natürlich im eigenen Betrieb umsetzen. Aber leider musste er schon am ersten Arbeitstag enttäuscht feststellen, dass viele der Rezepturen, die ihm besonders wichtig gewesen wären, nur der Chef selbst kannte. Einen Teil der trockenen Zutaten (zum Beispiel Gewürze, Mehl und Nüsse) wog der Patron immer am Abend ab, wenn er alleine in der Backstube war, und mischte sie dann selbst zusammen. So wusste keiner der Konditoren, wie sich der Teig genau zusammensetzte, aus dem am nächsten Morgen dann die Spezialitäten des Hauses gebacken wurden. Letztlich gelang es meinem Großvater aber doch, sich im Laufe seiner Lehr- und Gesellenjahre einen reichen Erfahrungsschatz anzueignen und in seinem Rezeptbuch festzuhalten. Um sein wertvolles Kapital vor Verlust – insbesondere durch Diebstahl oder Feuer – zu sichern, führte er parallel zum Original ein Duplikat, das er im Tresor seiner Mutter aufbewahrte, die in einem eigenen

Haus einige Straßenzüge vom Geschäft entfernt wohnte. Diese Kopie ist uns in neuwertigem Zustand fast ohne jegliche Gebrauchsspuren bis heute erhalten geblieben.

Auch mein Vater hütete seine Rezepturen und stellte die Gewürzmischungen für die verschiedenen Lebkuchenarten unserer Konditorei immer eigenhändig her. Die fertigen Mischungen füllte er dann in Blechdosen, die nur mit einer Nummer beschriftet waren. Im Rezeptblatt, das die Konditoren bei der Herstellung der Lebkuchen bekamen, hieß es dann nur noch »100 g Gewürz Nr. 3«.

Selbstverständlich war die Verwendung hochwertiger Rohstoffe die Grundlage des handwerklichen Schaffens. Dies belegt der folgende Eintrag im Rezeptbuch meines Großvaters: »Um einen guten Honigteig zu erhalten, ist es vor allem Hauptbedingung, eine gute Qualität Honig dazu zu verwenden ... wenn sich auch der Teig etwas theurer stellt.«

Immer wieder weist er in seinen Aufzeichnungen darauf hin, die Lebkuchen nur »auf Sicht« zu backen, also sich nicht nach der Uhr zu richten, sondern den Backvorgang ständig im Auge zu behalten. Sobald der Honiglebkuchen, wenn man ihn mit dem Messer anhebt, am Boden eine leicht bräunliche Färbung angenommen habe, sei er fertig und müsse sofort aus dem Ofen, notierte mein Großvater in sein Rezeptbuch. Sonst könnten die Lebkuchen schnell austrocknen. Dass dieses Missgeschick beim Backen gelegentlich doch passierte, konnte auch Joseph Hipp mit noch so eindringlichen Hinweisen nicht verhindern. Nie wäre es meinen Vorfahren in den Sinn gekommen, die trockenen Lebkuchen einfach wegzuwerfen. Stattdessen wurden sie feingerieben und in die neuen Honigteige eingearbeitet, was die Produkte geschmacklich sogar noch verbesserte.

An besonderen Festtagen jedoch tränkte mein Großvater die

übriggebliebenen Zelten mit süßen Fruchtsäften oder Likören und servierte sie in heißer Vanillecreme als Nachspeise – ein wahrhaft himmlischer Genuss. Auch ich koche diesen »Lebkuchenpudding« heute gelegentlich noch an Weihnachten für meine Familie, erreiche aber nie das Geschmackserlebnis, das mir aus meiner Kindheit in Erinnerung geblieben ist.

Beim Backen nach den alten Rezepten stelle ich häufig fest, dass ich die Mengenangaben der verwendeten Zutaten nicht immer 1:1 übernehmen kann. Würden wir unsere Lebkuchen mit der in einigen alten Rezepten angegebenen Menge an Gewürzen backen, so wäre der Geschmack aus heutiger Sicht viel zu intensiv. Deshalb haben wir die Gewürzgaben in unseren Lebkuchen teilweise deutlich

Seite aus dem Rezeptbuch meines Großvaters Joseph Hipp

reduziert. Ich glaube aber nicht, dass sie deshalb wesentlich anders schmecken als die Lebkuchen meines Großvaters vor 100 Jahren. Wenn wir zum Beispiel unseren Lebkuchen heute 100 Gramm eines bestimmten Gewürzes zugeben, so musste mein Großvater, um das gleiche Aroma zu erzielen, vielleicht 50 Gramm mehr verwenden. Die Diskrepanz erklärt sich durch die Qualitätsunterschiede zwischen den heutigen Rohstoffen und jenen zur Zeit meiner Vorfahren. Während sich Konditoren unserer Tage darauf verlassen können, Rohstoffe von gleichbleibender Güte und Geschmacksnote verwenden zu können, mussten Konditoren und Bäcker damals noch mit Zutaten minderer oder stark schwankender Qualität auskommen. Teure Gewürze wurden gelegentlich von Zwischenhändlern gestreckt. Aber nicht nur bei den Gewürzen, auch beim Mehl gab es erhebliche Qualitätsschwankungen. Diese Unregelmäßigkeiten machten die Herstellung oft schwierig, und genau hier waren die Fähigkeiten eines Meisters gefragt. Er durfte sich nicht nur auf die schriftlichen Vorgaben seines Rezeptbuches verlassen, sondern musste mit seiner ganzen Erfahrung reagieren, indem er seinen Lebkuchenteig so zubereitete, bis die erforderliche Konsistenz und der gewünschte Geschmack erreicht waren.

KLEINE WARENKUNDE

Honig

Honig ist eines der ältesten Lebensmittel der Menschheitsgeschichte. Wohl den wenigsten Verbrauchern ist bewusst, um was für ein wertvolles Produkt es sich beim Naturhonig handelt und welche unglaubliche Leistung dahintersteckt. Um ein Kilogramm Honig herstellen zu können, müssen die Bienen Millionen von Blüten besuchen und eine Flugstrecke zurücklegen, die dem dreieinhalbfachen Erdumfang entspricht.

Bienenhonig verleiht mit seinen vielfältigen Aromastoffen den Honiglebkuchen ihren typischen Geschmack. Damit die flüchtigen Aromen nicht verloren gehen, darf der Honig bei der Teigzubereitung nicht zu stark erhitzt (gekocht) werden. Durch den hohen Gehalt an Invertzucker bleibt der Honigteig saftig und lange haltbar.

Frischer Honig ist immer transparent und dickflüssig, erst

im Laufe der Zeit wird er fester oder kristallisiert aus. Beim Erwärmen lösen sich die Zuckerkristalle wieder auf.

Je nachdem, wo die Bienen ihren Nektar sammeln, gibt es eine Vielzahl unterschiedlicher Honigsorten wie zum Beispiel Waldhonig oder Akazienhonig. Dunkle, im Geschmack kräftigere Sorten eignen sich besonders gut zur Herstellung von Honiglebkuchen.

Zucker

Neben Kristallzucker und Puderzucker kommt in vielen Lebkuchenrezepten auch brauner Zucker zum Einsatz. Er wird aus dem Sirup von Rüben- oder Rohrzucker hergestellt, wodurch er seinen kräftigen Geschmack erhält. Um den würzigen Geschmack der Lebkuchen zu verstärken, ersetzt man gern einen Teil des Honigs durch braunen Zucker.

Flüssiger Zuckersirup mit ähnlichen Eigenschaften wird vorwiegend bei der Herstellung von Printen verwendet. Kandis, der durch langsames Auskristallisieren einer Zuckerlösung gewonnen wird, gibt als »Grümmelkandis« mit seinem starken Karamellgeschmack den Printen ihren besonderen »Biss« und eine typische Geschmacksnote.

Mehl

Bei der Zubereitung von Honiglebkuchen oder für den Grundteig der Lebkuchengebäcke erzielen wir mit einer Mischung aus Weizen- und Roggenmehl die besten Ergebnisse. Weizenmehl wird für helles, leichteres Gebäck verwendet, mit Roggenmehl werden dunklere Lebkuchen mit kräftigem Geschmack und guter Frischhaltung hergestellt.

Triebmittel

Bei der Herstellung von Lebkuchen und anderen Flachgebäcken verwenden wir nach wie vor Hirschhornsalz und Pottasche als Triebmittel. Hirschhornsalz wurde früher tatsächlich aus geriebenen Hirschgeweihen gewonnen. Bei dem heute im Laden erhältlichen Hirschhornsalz handelt es sich um Ammoniumbicarbonat. Beide Triebmittel werden heute industriell hergestellt, doch die alten Bezeichnungen sind geblieben. Hirschhornsalz sollte immer gut verschlossen aufbewahrt werden, da es sich zersetzt, wenn es längere Zeit mit Sauerstoff in Berührung kommt. Typisch ist der dezent an Salmiak erinnernde leicht scharfe Geschmack. Hirschhornsalz und Pottasche müssen immer getrennt in wenig Wasser aufgelöst und nacheinander in den Teig eingearbeitet werden. Ein direkter Kontakt der beiden Triebmittel ist unbedingt zu vermeiden, da sich deren Wirkung sonst aufheben würde. Bei manchen Lebkuchenrezepten lassen sich auch mit Backpulver gute Ergebnisse erzielen.

Früchte und Nüsse

Orangeat und Zitronat verfeinern mit ihren Aromen viele Konditoreiprodukte und sind auch aus der Lebkuchenbäckerei kaum wegzudenken. Aus der kandierten Schale von Pomeranzen oder Orange wird Orangeat hergestellt, Zitronat aus einer speziellen Zitronensorte. Wer nicht gerne auf Stückchen beißt, kann die kandierten Früchte ganz klein hacken oder mit geriebenen Nüssen gemischt (damit sie nicht verkleben) im Mixer zerkleinern.

Sehr häufig werden fein geriebene Haselnüsse, Walnüsse oder Mandeln in Lebkuchen verarbeitet oder auch als Dekoration verwendet. Am feinsten ist das Aroma der Haselnüsse oder

Mandeln, wenn sie frisch sind. Zu lange gelagerte Nüsse können seifig schmecken und den Geschmack des Gebäcks sehr nachteilig beeinflussen. Wenn sie noch unbehandelt sind, kann man nach dem Rösten der Haselnüsse die braune Schale leicht abreiben. Die Haut der Mandeln löst sich, wenn man sie mit kochendem Wasser überbrüht.

Gewürze

Exotische Gewürze sind gewissermaßen die »Seele« des Lebkuchens, sie verleihen ihm das ganz besondere Aroma, das man wie kein anderes mit der Weihnachtszeit verbindet.

Immer im Herbst, wenn der intensive Duft von Zimt und Kardamom, Anis und Nelken, Piment und Muskat durch die Räume unserer Konditorei strömt, werden bei uns die verschiedenen Gewürzmischungen für die kommende Lebkuchensaison abgewogen und in gut verschlossene Behälter abgefüllt. Dies geschieht mit größter Vorsicht und Konzentration, damit möglichst kein Krümel der kostbaren Ingredienzien durch allzu hektische Bewegungen verschüttet oder vom Tisch geweht wird.

Zimt

Aus der getrockneten Rinde des Zimtbaumes gewonnen, ist Zimt die stabile Basis für alle Lebkuchenrezepte. Besonders hochwertig ist der Ceylon-Zimt.

Gewürznelke

Hier handelt es sich um getrocknete, vor dem Blühen geerntete Knospen des Gewürznelkenbaumes. Sie werden als ganze Knospen oder gemahlen angeboten und haben ein intensives, leicht scharfes Aroma.

Anis
Die getrockneten Samen der Anispflanze aus dem Mittelmeerraum sind reich an ätherischen Ölen und geben besonders den Pfeffernüssen ihren typischen Geschmack.

Kardamom
Kardamom schmeckt würzig, leicht feurig und darf zur Geschmacksbildung in keinem Lebkuchengewürz fehlen. Kardamom gehört zur Familie des Ingwers.

Macis und Muskatnuss
Das Gewürz, auch Muskatblüte genannt, wird aus dem getrockneten Samenmantel der Muskatnuss gewonnen. Wie die Nuss hat auch Macis einen leicht bitteren, harzigen Geschmack, ist aber etwas milder.

Piment
Das Gewürz, auch Nelkenpfeffer genannt, wird aus den getrockneten Beeren des Nelkenpfefferbaumes gewonnen.

Ingwer
Die Ingwerwurzel wird wegen ihres fruchtig-scharfen Aromas und ihrer gesundheitsfördernden Inhaltsstoffe weltweit als Gewürz- und Heilmittel geschätzt. Ingwer verfeinert in der Gourmetküche Fleisch- und Fischgerichte, Desserts und nicht zuletzt viele Lebkuchenspezialitäten wie das englische Gingerbread (Ingwerbrot).

Koriander
In der Lebkuchenbäckerei werden vor allem die Samen der Korianderpflanze verwendet. Sie sollten vor dem Backen kurz

angeröstet und nach Möglichkeit immer frisch gemahlen werden, damit die feinen Aromastoffe erhalten bleiben und nicht die Bitterstoffe überwiegen.

Sicherlich kann man für alle Lebkuchenrezepte auch die handelsüblichen Gewürzmischungen verwenden. Gewisse Lebkuchenspezialitäten haben jedoch ihre eigenen typischen Gewürzmischungen, von denen ich einige Beispiele nachfolgend aufgelistet habe. Um die kleinen Mengen exakt abwiegen zu können, empfehle ich die Verwendung einer Briefwaage.

Honigkuchen
- 60 g Zimt
- 25 g Anis
- 25 g Piment
- 15 g Koriander
- 10 g Nelken
- 5 g Ingwer

Oblatenlebkuchen
- 75 g Zimt
- 30 g Nelken
- 15 g Macisblüte
- 5 g Piement
- 5 g Fenchel

Basler Lebkuchen
- 60 g Zimt
- 20 g Macisblüte
- 20 g Nelken
- 20 g Ingwer
- 10 g Muskat

Verschiedene Lebkuchengewürze

Printen
80 g Zimt
50 g Anis
50 g Koriander
50 g Piment
50 g Nelken

Tipp:
In dunklen, gut schließenden Gläsern kann man Gewürze und spezielle Mischungen auch problemlos länger aufbewahren.

PRAXISTIPPS AUS DER LEBZELTEREI

Zum richtigen Umgang mit Kuvertüre

Aus der Kombination von Lebkuchen oder -gebäcken mit feiner Kuvertüre haben kreative Konditoren viele köstliche Spezialitäten entwickelt, die sich besonders in der Weihnachtszeit enormer Beliebtheit erfreuen. Unter Kuvertüre versteht man Schokolade in ihrer reinsten Form, die beispielsweise zum Überziehen von Pralinen, Kuchen oder Lebkuchen optimal abgestimmt ist.

Dunkle Kuvertüre besteht nur aus Kakaomasse, Kakaobutter und Zucker. Die Bezeichnung Edelbitterkuvertüre darf nur bei einem Kakaoanteil von mindestens 60 Prozent verwendet werden. Bei Milchkuvertüre kommt noch Milch- oder Sahnepulver dazu. Weiße Kuvertüre (in der Fachsprache: weiße Dekormasse) enthält keine Kakaomasse, sondern besteht nur aus Kakaobutter und Zucker.

Kuvertüre wird nicht nur zu köstlichen Füllungen für Lebkuchen verarbeitet, sondern auch als hochwertiger Überzug verwendet. Die Schokohülle sorgt dafür, dass die Aromen der verschiedenen Gewürze länger erhalten bleiben, und schützt das Gebäck zusätzlich vor dem Austrocknen. Schon der Name Kuvertüre (vom französischen »couvert«) deutet auf ihre Funktion als schützende Umhüllung hin.

Die Kuvertüre ist heute ein sehr wichtiger Bestandteil der Lebkuchenherstellung. Die exzellente Geschmackskombination von Lebkuchen und Schokolade verhalf dem einfachen Honigzelten und den Honiggebäcken zu einem neuen Aufschwung und gab den Ausschlag dafür, dass sich das Traditionsgebäck bis heute in der Gunst der Verbraucher behaupten konnte. Deshalb möchte ich nachfolgend einige Praxistipps zur richtigen Verarbeitung der Kuvertüren geben.

Kuvertüre als Überzug

Damit der Schokoüberzug nach der Verarbeitung einen seidigen Glanz bekommt und beim Genuss ein zarter Schmelz auf der Zunge zu spüren ist, muss die Kuvertüre fachmännisch verarbeitet werden. Von entscheidender Bedeutung ist dabei die exakte Temperierung.

Mit einem langen Messer wird die Kuvertüre auf einem Schneidebrett zunächst grob zerkleinert. Dann gibt man 2/3 der Stücke in eine Edelstahlschüssel und bringt die Kuvertüre im heißen Wasserbad unter ständigem Rühren zum Schmelzen. Die vollständig flüssige Kuvertüre sollte nun eine Idealtemperatur von 40 bis 42 °C erreicht haben. Jetzt lässt man die Kuvertüre auf 30 bis 35 °C abkühlen und gibt das restliche Drittel der geschnittenen Kuvertüre dazu. Die Temperatur sollte jetzt auf 25 bis 28 °C fallen. Sobald sich die Schokostücke nicht mehr auflösen, wird die Kuvertüre unter ständigem Rühren wieder ganz langsam erwärmt. Der richtige Zeitpunkt ist erreicht, wenn sich die letzten Kuvertürestücke gerade auflösen und die Masse glatt wird. Zur Probe kann man eine Messerspitze in die Kuvertüre tauchen und dann an einen kühlen Ort legen. Wenn die Kuvertüre nach wenigen Minuten »anzieht« und auch den erwünschten schönen Glanz annimmt, war sie richtig temperiert. Wird sie nicht fest oder fehlt der Glanz, muss die Kuvertüre neu temperiert werden.

Mit einem digitalen Thermometer lässt sich die richtige Temperatur zur Verarbeitung der Kuvertüre genau bestimmen. Hierbei sind folgende Temperaturen zu beachten:

Edelbitterkuvertüre: 32 bis 33 °C
Vollmilchkuvertüre: 31 bis 32 °C
Weiße Kuvertüre: 29 bis 31 °C

Ausschlaggebend für das Gelingen ist aber nicht nur, die Kuvertüre fachgerecht zu temperieren, ebenso muss man die Temperatur des Gebäcks beachten, das man mit Kuvertüre überziehen will. Sie sollte zwischen 20 und 27 °C betragen. Mit etwas Erfahrung bekommt man bald das notwendige Gespür für den Umgang mit flüssiger Kuvertüre und erreicht immer bessere Ergebnisse.

Kuvertüre als Füllung

Nicht nur als Überzug, sondern auch als Füllung verbinden sich Lebkuchen und Kuvertüre geschmacklich ideal. Dafür brauchen wir eine weichere Konsistenz der Kuvertüre als bei einer Schokoumhüllung. Der Fachmann spricht hier von einer Ganache, einer Schokolade-Sahne-Creme mit einem hohem Anteil an Kuvertüre. Die Konsistenz einer Ganache kann von cremig und fließend bis schnittfest variiert werden. Zum Füllen von Lebkuchengebäcken nenne ich hier zwei schnittfeste Rezepte:

200 g Edelbitterkuvertüre
100 g Sahne
30 g Honig

250 g Milchkuvertüre
100 g Sahne
30 g Honig

Die Sahne in einer Kasserolle aufkochen und 5 Minuten stehen lassen. Dann den Honig und die zerkleinerte Kuvertüre zugeben und glattrühren. Sollte sich die Kuvertüre nicht ganz auflösen, nochmals kurz erwärmen. Erstarrt während der Arbeit die Ganache, kann man sie wieder erwärmen. Der Honig verfeinert den Geschmack der Ganache und wirkt sich positiv auf die Haltbarkeit aus. Für den aromatischen Pfiff kann man der Füllung je nach Geschmack auch noch einen Spritzer Kirschwasser oder andere Spirituosen beimischen.

Lagerteige und Frischteige

Zur Herstellung von Honiglebkuchen eignen sich sowohl Frisch- als auch Lagerteige. Von einem Frischteig spricht man, wenn dieser nach der Herstellung schnell verarbeitet wird – in der Regel lässt man ihn jedoch einen Tag ruhen.

»Gut Ding will Weile haben.« Dieses Sprichwort gilt für die Arbeit mit Lagerteigen. Sie werden bis heute nach alt überlieferter Rezeptur in unserem Betrieb angesetzt. Auch in historischen Kochbüchern findet man noch diese Lagerteige zur Herstellung von Honiggebäcken. Dazu werden Mehl, Zucker und Honig zu einem Teig vermischt, der dann in einer Schüssel, mit einem Tuch abgedeckt, bei 16 bis 20 °C im Keller trocken gelagert wird. Der dabei einsetzende Gärprozess wandelt große Teile des Zuckers in Säuren um, die den Teig auf natürliche Weise lockern und ihm sein besonderes Aroma geben. Mindestens drei bis vier Monate sollte der Lagerteig bis zur Weiterverarbeitung reifen. Wir lassen in unserer Konditorei diese Lagerteige in der Regel neun Monate lang ruhen und erzielen damit beste Ergebnisse.

Erst kurz vor dem Backen der Lebkuchen werden dem Lagerteig dann, je nach Rezeptur, alle weiteren Zutaten und die Gewürze beigefügt. Nicht nur für uns Konditoren, auch für Privathaushalte hat die Verwendung von Lagerteigen neben dem besseren Geschmack noch weitere Vorteile. Wer ganz spontan Lust auf Lebkuchen verspürt und genügend Lagerteig in der Speisekammer vorrätig hat, braucht nur noch wenige Zutaten unterzukneten und kann innerhalb kurzer Zeit das feine Honiggebäck aus dem Ofen zaubern.

Übrigens:
Auch backfertig gemischte Honigteige oder Honigteigreste können bei richtiger Lagerung nicht verderben, sondern werden geschmacklich sogar noch besser. Allerdings sollte man bei Lagerzeiten von mehr als drei Wochen zur Sicherheit eine Backprobe machen und dem Teig gegebenenfalls nochmals Triebmittel und Gewürze beigeben, die sich bei der Lagerung verflüchtigt haben könnten.

Lagerteig
1 kg Honig
100 ml Wasser
300 g Zucker
800 g Weizenmehl
400 g Roggenmehl

In einem Topf Honig und Zucker so lange unter ständigem Rühren erhitzen, bis sich der Zucker vollständig aufgelöst hat.

Nach dem Erkalten die Honig-/Zuckermasse mit der Mehlmischung zu einem glatten Teig kneten.

Den Teig in eine Schüssel geben, mit einem Tuch abdecken und an einen kühlen und trockenen Ort stellen.

Honigteig

2,5 kg Lagerteig
Weizen- und Roggenmehl in gleichen Teilen nach Bedarf
60 g Lebkuchengewürz (6 Teelöffel gehäuft)
20 g Pottasche (2 Teelöffel gehäuft)
20 g Hirschhornsalz (2 Teelöffel gehäuft)

Lagerteig kräftig durchkneten. Wenn er entsprechend lange gelagert war und entsprechend fest geworden ist, muss kein Mehl beigemischt werden. Sollte er noch zu weich sein, Weizen- und Roggenmehl in gleichen Teilen zugeben, bis der Teig sich beim Kneten gut vom Tisch löst.

Hirschhornsalz und Pottasche mit je 2 Esslöffeln Wasser getrennt voneinander auflösen. Gewürze und Hirschhornsalz kräftig unterkneten. Zum Schluss die Pottasche ebenfalls unterkneten. Den glatten Teig in eine Frischhaltefolie wickeln und 12 Stunden lagern.

Auf den nun folgenden Seiten des Buches stelle ich ausschließlich Lebkuchenrezepte mit frisch zubereiteten Teigen vor, die in jedem Haushalt ohne große Vorbereitungszeit schnell umgesetzt werden können. Eine Nacht lang sollten aber auch Frischteige ruhen, um richtig durchziehen zu können. Wer rechtzeitig daran gedacht hat, sich einen Lagerteig anzusetzen, kann alle Rezepte selbstverständlich auch mit diesem hochwertigen, natürlich gereiften Honigteig veredeln.

Aufbewahrung von Lebkuchen

Noch ein Hinweis zur richtigen Aufbewahrung von Lebkuchen: Wenn der Lebkuchenduft aus dem Ofen durchs Haus zieht, fällt es natürlich sehr schwer, den süßen Köstlichkeiten nach dem Backen noch die nötige Ruhezeit zu gönnen. Mit Marzipan oder Konfitüre gefüllte Lebkuchen sollten aber erst ein paar Tage in einer gut verschlossenen Dose durchziehen, um geschmacklich den letzten Schliff zu bekommen. Die meisten anderen Lebkuchen müssen einige Tage in einem luftfeuchten Raum liegen, um weich zu werden, und kommen erst dann in die Dose. Will man aber besonders knusprige Lebkuchen haben, kommen sie gleich nach dem Backen in eine Blechdose, wo sie gut verschlossen monatelang halten.

REZEPTE

BASLER LECKERLI
Der Klassiker unter den Honiglebkuchen

Zutaten für ein Backblech (ca. 30 x 40 cm)

Für den Teig:
320 g Honig
80 g Zucker
250 g Weizenmehl
80 g Roggenmehl
80 g Orangeat, gehackt
120 g Mandeln braun, grob gehackt
10 g Lebkuchengewürz (2 Teelöffel gehäuft)
10 g Zimt (2 Teelöffel gehäuft)
10 g Hirschhornsalz (1 Teelöffel)
30 ml Kirschwasser (6 Esslöffel)

Für die Glasur:
150 g Puderzucker, gesiebt
10 g Kirschwasser (2 Esslöffel)
15 g Wasser (3 Esslöffel)

Backofen 180 °C (Umluft 160 °C)

Den Honigteig bereits am Vortag zubereiten. Dazu Honig und Zucker auf 80 °C erhitzen und abkühlen lassen. Hirschhornsalz in einer Tasse mit 1 Esslöffel Wasser auflösen.
   In einer großen Schüssel alle Zutaten zu einem Teig kneten und in Frischhaltefolie eingewickelt über Nacht bei ca. 18 °C stehen lassen.
   In einer Schüssel die Glasur verrühren und eine Stunde ziehen lassen.
   In der Zwischenzeit den Teig durchkneten und auf Back-

blechgröße mit wenig Mehl ausrollen. Den Teig auf Backpapier so lange backen, bis die Unterseite des Lebkuchens eine hellbraune Farbe hat.

Nach dem Backen die Glasur mit einem Pinsel dünn auf den noch warmen Lebkuchen auftragen und diesen anschließend in 3 x 5 cm große Stücke schneiden.

Tipp vom Lebzelter:
Will man die Basler Leckerli möglichst knusprig, fast hart genießen, dann muss man sie gleich nach dem Erkalten in eine Dose verpacken. Ich bevorzuge weichere Leckerli. Dazu werden sie mehrere Tage in einem luftfeuchten Raum gelagert, bis sie genügend Feuchtigkeit aufgenommen haben, und anschließend in Dosen verpackt.

ST. GALLER BIBER

Dieses Honigteiggebäck mit seiner weißen Mandelfüllung gehört zur Schweizer Kantonshauptstadt St. Gallen wie die Doppeltürme ihrer Kirche.

Rezept für ca. 1200 g fertige Biber

Für den Teig:
400 g Honig
300 g Weizenmehl
100 g Roggenmehl
2 Eigelb
15 g Lebkuchengewürz (3 Teelöffel gehäuft)
10 g Hirschhornsalz (1 Teelöffel gehäuft)

Für die Füllung:
420 g Marzipanrohmasse
80 g Puderzucker gesiebt
50 g Zitronensaft
abgeriebene Schale von 2 unbehandelten Zitronen

3 Eigelb zum Anstreichen
2 Eier zum Anstreichen

Backofen 180 °C (Umluft 160 °C)

Den Lebkuchenteig bereits am Vortag zubereiten. Dazu Honig erwärmen und wieder erkalten lassen. Das Hirschhornsalz in einer Tasse mit 1 Esslöffel Wasser auflösen.
   In einer großen Schüssel alle Zutaten zu einem Teig kneten und in Frischhaltefolie eingewickelt über Nacht bei ca. 18 °C stehen lassen.

Marzipanrohmasse in kleine Stücke schneiden und mit Puderzucker und der Zitrone verkneten. Dann fünf Stücke à 100 g abwiegen und zu 40 cm langen Stangen ausrollen. Wenn nötig, die Arbeitsfläche mit Puderzucker bestäuben.

Den Honigteig kräftig durchkneten, auf 35 x 40 cm ausrollen und mit Ei anstreichen. Eine Marzipanrolle auf den unteren Rand an der Längsseite des Teiges legen und in den Teig einrollen. Wenn die Marzipanrolle eingeschlagen ist, Teig abschneiden. Genauso mit den anderen Marzipanrollen verfahren.

Die Stangen mit Eigelb anstreichen, antrocknen lassen und ein zweites Mal bestreichen. Eine Stunde kühl stellen. Dann trapezförmige Stücke abschneiden und diese auf einem mit Backpapier belegten Blech backen. Ist der Boden hellgelb gebacken, nimmt man die Biber aus dem Ofen, sonst trocknet die Marzipanfüllung unnötig aus.

Tipp vom Lebzelter:
Nach dem Auskühlen die St. Galler Biber sofort in eine Dose legen. Nach ein paar Tagen, wenn das fruchtige Marzipan den Teig durchzogen hat, schmecken sie am besten.

LIEGNITZER BOMBEN

Zutaten für 20 Gebäckstücke

Für den Teig:
400 g Honig
100 g brauner Zucker
50 ml Wasser (8 Esslöffel)
400 g Weizenmehl
100 g Roggenmehl
10 g Backpulver (1 Teelöffel gehäuft)
5 g Pottasche (½ Teelöffel)
15 g Lebkuchengewürz (3 Teelöffel gehäuft)
5 g Hirschhornsalz (½ Teelöffel)

Für die Füllung:
350 g Marzipanrohmasse
350 g Konfitüre (Quitte oder Pflaume)
60 ml Kirschwasser (10 Esslöffel)

Zum Aufstreuen für beide Teige:
200 g Feigen geschnitten
200 g Sultaninen
100 g grob geriebene Mandeln
150 g gehacktes Orangeat

Zusätzlich 20 Backringe (ca. 8 cm Durchmesser)

Backofen 180 °C (Umluft 160 °C)

Den Lebkuchenteig bereits am Vortag zubereiten. Dazu Honig, Wasser und Zucker erwärmen, bis sich der Zucker auflöst, und die Masse erkalten lassen. Das Hirschhornsalz in einer Tasse mit 1 Esslöffel Wasser anrühren. Die Pottasche in

einer anderen Tasse ebenfalls mit 1 Esslöffel Wasser anrühren.

Mehl und Backpulver in eine große Schüssel sieben, alle Zutaten zu einem Teig kneten und ganz zum Schluss die Pottasche darunterarbeiten. In Frischhaltefolie eingewickelt über Nacht bei etwa 18 °C stehen lassen.

Am folgenden Tag das Marzipan in kleine Würfel schneiden und in einer Schüssel mit nur einem Teil der Konfitüre glattarbeiten, anschließend die restliche Konfitüre und den Rum untermischen.

Den Lebkuchenteig durchkneten, teilen und beide Hälften auf schwach bemehlter Arbeitsfläche auf ca. 30 x 30 cm ausrollen. Die Füllung auf beide Teige gleichmäßig verteilen. Die Früchte mischen, auf die Marzipanmasse aufstreuen, den Teig zu einer Schnecke eng aufrollen und etwas nachrollen. Stellt man die Teigrollen kalt, lassen sie sich besser in 3 cm breite Stücke schneiden, wobei man das Messer immer wieder in Wasser tauchen sollte. Diese Teile legt man auf ein mit Backpapier belegtes Blech und umstellt sie mit den gefetteten Ringen. So lange backen, bis sie an der Oberfläche ein hellbraune Farbe angenommen haben.

Nun sollten sie mindestens 3 Tage an einem luftfeuchten Ort gelagert werden, um noch Feuchtigkeit aufnehmen zu können, bevor man sie mit temperierter Kuvertüre überzieht und mit einer halben Mandel dekoriert.

HOLLÄNDISCHER FRÜHSTÜCKSKUCHEN

Mengenangaben für zwei Kastenformen (ca. 20 cm lang)

Für die Masse:
- 180 g Honig
- 100 g braunen Zucker
- 100 g Sahne
- 4 Eier
- 200 g Weizenmehl
- 180 g Roggenmehl
- 20 g Backpulver (2 Teelöffel gehäuft)
- 150 g Mandeln gerieben
- 15 g Lebkuchengewürz (3 Teelöffel gehäuft)
- abgeriebene Schale von zwei unbehandelten Zitronen

Backofen 170 °C (Umluft 150 °C), ca. 30 Minuten

Honig, Zucker und Sahne so lange erwärmen, bis sich der Zucker vollständig aufgelöst hat.
Die Eier mit der abgekühlten Honigmasse verrühren. Mehl und Backpulver sieben und mit den restlichen Zutaten nach und nach unter die Masse heben. Die Masse in die gefetteten Formen geben und wie einen Sandkuchen backen.

Tipp vom Lebzelter:
Ich persönlich finde diesen Frühstückskuchen mit 50 bis 100 g fein gehacktem Orangeat schmackhafter. Wie beim englischen Kuchen muss auch bei diesem Rezept das Orangeat mit etwas Mehl vermischt werden, bevor man es ganz zum Schluss unter die Masse hebt.

SCHOKOLADEN-ELISENLEBKUCHEN
Der Klassiker unter den Lebkuchen

Masse für 20 Lebkuchen

- 250 g Eiweiß
- 500 g Puderzucker
- 420 g Mandeln roh, gerieben
- 190 g Marzipanrohmasse
- 70 g Weizenmehl
- 70 g Lebkuchenbrösel, fein gerieben
- 70 g Orangeat, gehackt
- 20 g Kakaopulver (4 Teelöffel gehäuft)
- 15 g Lebkuchengewürz (3 Teelöffel gehäuft)
- 5 g Hirschhornsalz (½ Teelöffel)

Außerdem:
- 25 Oblaten (Durchmesser 8 cm)

Backofen 180 °C (Umluft 160 °C)

Das Eiweiß mit dem gesiebten Puderzucker in einer fettfreien Schüssel mit dem Handrührgerät schaumig schlagen. Das Hirschhornsalz in einer Tasse mit 1 Esslöffel Wasser auflösen. Marzipan in kleine Stücke schneiden, mit etwas geschlagenem Eiweiß weicharbeiten und dann alle Zutaten unter das Eiweiß mischen.

65 bis 70 g Masse pro Lebkuchen mit einem Messer kuppelartig auf die Oblaten aufstreichen. Eine Nacht trocknen und dann backen.

Edelkuvertüre temperieren und mit einem breiten Pinsel die Oberseite der Lebkuchen mit Schokolade bestreichen.

PRINTEN

Saftprinten oder harte Printen sind eine Weihnachtsspezialität, die von Aachen aus die Welt eroberte.

Zutaten für etwa 65 Printen

Für den Teig:
 500 g Zuckerrübensirup
 100 g Zucker
 150 g Grümmelkandis
 600 g Weizenmehl
 50 g Orangeat gehackt
 15 g Lebkuchengewürz (2 Teelöffel gehäuft)
 ½ Teelöffel Anis, gemahlen
 5 g Pottasche (½ Teelöffel)
 1 Msp. Backpulver

Glasur:
 200 g Puderzucker
 50 g Wasser (10 Esslöffel)

Backofen 200 °C (Umluft 180 °C)

Sirup und Zucker erhitzen, bis sich der Zucker auflöst, und abkühlen lassen.
 Wenn der Grümmelkandis zu grob ist, im Mörser zerstoßen. Pottasche in einer Tasse mit 1 Esslöffel Wasser auflösen.
 In einer großen Schüssel alle Zutaten zu einem Teig kneten und 2 Stunden kühl stellen.
 Die Glasur anrühren und wegstellen. Die Arbeitsfläche mit etwas Mehl bestäuben und die Hälfte des Teigs auf 30 x 30

cm ausrollen; dann hat der Teig die richtige Stärke. Mit einem Schneiderad den Teig in Stücke von ca. 3 x 10 cm teilen und mit 1 cm Abstand auf das Backpapier legen. Mit der zweiten Hälfte Teig den Vorgang wiederholen. Die Teigstücke mit Milch bestreichen und in den vorgeheizten Ofen schieben. Bei goldgelber Färbung der Oberfläche aus dem Ofen nehmen und, noch heiß, die Glasur mit dem Pinsel auftragen.

Tipp vom Lebzelter:
Printen sind nach dem Backen immer sehr hart und brüchig. Legt man sie nach dem Erkalten in eine Dose, bleiben sie knusprig. Bevorzugt man weiche Printen, braucht man sie nur ein paar Tage in einen luftfeuchten Raum zu stellen und kann sie dann – sobald sie weich geworden sind – in einer Dose aufbewahren.

NUSS-, MANDEL- UND SCHOKOLADE-PRINTEN

Nicht nur Honiglebkuchen, sondern auch Printen lassen sich durch Füllungen zusätzlich verfeinern. Mit den folgenden Rezepturen bekommt man schnell eine große Vielfalt an Gebäcken.

Füllungen für jeweils 20 Stück

Nussprinten
200 g Nougat
20 g Kakaobutter
100 g Haselnüsse geröstet, grob gehackt

Mandelprinten
200 g Marzipan
50 ml Kirschwasser (8 Esslöffel)
50 g Mandelsplitter geröstet

Schokoladeprinten
180 g Edelkuvertüre
70 g Sahne
50 g Honig
20 ml Kirschwasser (3 Esslöffel)

Bei den Nussprinten arbeitet man die flüssige Kakaobutter unter den Nougat. Mit einem Messer bestreicht man die Printen damit ein paar Millimeter dick und drückt die Masse in die Haselnüsse. Anschließend mit temperierter Edelbitterkuvertüre überziehen.

Für die Mandelprinten verarbeitet man das Marzipan mit dem Kirschwasser zu einer weicheren Masse, die mit dem

Messer auf die Printe aufgetragen wird, und drückt das Ganze dann in die Mandelsplitter. Anschließend mit temperierter Edelbitterkuvertüre überziehen.

Bei den Schokoladeprinten kocht man Sahne und Honig auf, gießt die Flüssigkeit über die zerkleinerte Kuvertüre und rührt sie glatt. Sollte sich dabei die Kuvertüre nicht vollständig auflösen, die Masse nochmals leicht erwärmen. Am Schluss das Kirschwasser unterrühren. Diese Ganache kann man frisch mit dem Messer auftragen oder aufspritzen. Sollte sie fest geworden sein, muss man sie zur Weiterverarbeitung nur leicht erwärmen und wieder glattrühren. Anschließend mit temperierter Milchkuvertüre überziehen.

HONIGKUCHEN VOM BLECH

Zutaten für 1 Backblech (ca. 30 x 40 cm)

Für den Teig:
  350 g Honig
  150 g brauner Zucker
  130 g Butter
  300 g Weizenmehl
  200 g Roggenmehl
  15 g Backpulver (1½ Teelöffel gehäuft)
  200 g Zitronat gehackt
  100 g Orangeat gehackt
  100 g geriebene Mandeln gerieben
  15 g Lebkuchengewürz (3 Teelöffel gehäuft)

Zum Belegen:
  halbierte Mandeln, kandierte Kirschen und
  kandierte Angelika (Engelwurzstängel) oder Zitronat
  2 verquirlte Eier zum Bestreichen

  Backrahmen

  Backofen 180 °C (Umluft 160 °C)

Honig, Zucker und Butter erwärmen, bis sich der Zucker auflöst, dann die Masse leicht abkühlen lassen. Backpulver und Mehl sieben, mit allen Zutaten unter die Honigmasse heben und für ca. 60 Minuten in den Kühlschrank stellen.

Den Teig kurz durchkneten und auf einer bemehlten Arbeitsfläche auf ca. 30 x 40 cm ausrollen. Auf ein mit Backpapier belegtes Blech legen und einen verstellbaren Backrahmen darübersetzen.

In 8 x 8 cm große Stücke einteilen, die Oberfläche mit Ei bestreichen, mit Mandeln, Kirschen und Angelika belegen und hellgelb backen. Nach dem Abkühlen in Stücke schneiden.

Auch diese Lebkuchenart bleibt in einer geschlossenen Dose lange saftig.

EIN LEBKUCHENHERZ FÜR DIE LIEBSTEN

»Ich danke dir«, »Ich hab dich gern«, »Für meinen Schatz«. Hunderttausendfach werden Lebkuchenherzen mit Sprüchen wie diesen auf dem Münchener Oktoberfest und anderen Volksfesten und Jahrmärkten im ganzen Land gekauft und verschenkt. Noch schöner und wirkungsvoller ist es jedoch, Liebe, Freundschaft oder Dankbarkeit mit einem selbstgebackenen Lebkuchenherzen auf ganz persönliche Weise auszudrücken. Ein individuell beschriftetes Herz aus köstlichem Honigteig eignet sich aber nicht nur als Liebesgabe für Partner und Freunde. Es lässt sich auch für andere Zwecke sehr wirkungsvoll verwenden, zum Beispiel als Namensschild, das man bei festlich gedeckten Hochzeitstafeln auf den Teller legt.

Zutaten für 4 bis 6 Stück (je nach Größe)

Für den Teig:
- 300 g Honig
- 300 g Weizenmehl
- 10 g Backpulver (1 Teelöffel gehäuft)
- 1 Ei
- 10 g Lebkuchengewürz (2 Teelöffel gehäuft)
- 5 g Hirschhornsalz (½ Teelöffel)

Eiweißglasur:
- 250 Puderzucker gesiebt
- 1 Eiweiß
- Lebensmittelfarben für bunte Verzierungen

Außerdem:
3 Eier verquirlt
Spritzbeutel oder Garniertütchen
Schablonen in Herzform (z. B. aus Pappe)
Backofen 180 °C (Umluft 160 °C)

Den Lebkuchenteig bereits am Vortag zubereiten. Dazu Honig erwärmen und abkühlen lassen. Das Hirschhornsalz in einer Tasse mit 1 Esslöffel Wasser auflösen.
Mehl und Backpulver in eine große Schüssel sieben, alle Zutaten zu einem Teig kneten und in Frischhaltefolie eingewickelt über Nacht bei ca. 18 °C stehen lassen.
Am folgenden Tag den Lebkuchenteig durchkneten und auf leicht bemehlter Arbeitsfläche 3 bis 5 mm dick ausrollen. Verquirltes Ei auf den Teig streichen und ungefähr 15 Minuten trocknen lassen. Mithilfe der Schablone Herzen ausschneiden. Die Teigreste immer wieder ausrollen, anstreichen und nach dem Trocknen in Herzform ausschneiden. Nach Belieben die Ränder mit Mandeln, Walnüssen und kandierten Früchten belegen. Die Herzen auf mit Backpapier belegten Blechen so lange im Ofen lassen, bis sie eine hellgelbe Farbe angenommen haben. Sofort nach dem Backen dünn mit verquirltem Ei bestreichen, damit die Herzen einen schönen Glanz bekommen.
Das Eiweiß in eine Tasse geben und mit 3/4 des gesiebten Puderzuckers kräftig verrühren und schaumig schlagen. Restlichen Puderzucker unter ständigem Rühren so lange zugeben, bis die Masse nicht mehr verläuft. Für bunte Verzierungen Teile der Glasur in Tassen füllen und einfärben.
Eiweißmasse in Garniertütchen oder Spritzbeutel füllen und die Beschriftung sowie die Verzierungen aufspritzen. Der Zu-

ckerfaden sollte beim Garnieren nicht zu dick aus der Tüte kommen.

Tipp vom Lebzelter:
Um die Beschriftung mit freier Hand auftragen zu können, bedarf es schon einiger Übung. Aber auch hier gibt es einfache Hilfsmittel: Man zeichnet den Umriss des Lebkuchenherzens und die gewünschte Aufschrift in Originalgröße zuerst auf ein Blatt Papier. Dieses legt man dann auf den gebackenen Lebkuchen und sticht die Schrift mit einer etwas dickeren Nähnadel als punktierte Linie auf den Lebkuchen. Nun ist es ein Kinderspiel, mit der Spritztüte von Punkt zu Punkt die Buchstaben oder anderen Verzierungen nachzuzeichnen.

DOMINOSTEINE
Zutaten für ein Backblech (ca. 30 x 40 cm)

Für den Teig:
250 g Honig
50 g brauner Zucker
50 g Butter
350 g Weizenmehl
10 g Lebkuchengewürz (2 Teelöffel gehäuft)
5 g Hirschhornsalz (½ Teelöffel)

Füllung:
750 ml Apfel- oder Quittensaft
500 g Gelierzucker 2:1
Saft einer Zitrone
200 g Marzipan-Rohmasse
100 g Puderzucker gesiebt

Überzug:
Temperierte Kuvertüre

Backofen 180 °C (Umluft 160 °C)

Den Lebkuchenteig bereits am Vortag zubereiten. Dazu Honig, Zucker und Butter erwärmen, bis sich der Zucker aufgelöst hat, dann abkühlen lassen. Das Hirschhornsalz in einer Tasse mit 1 Esslöffel Wasser auflösen.

In einer großen Schüssel alle Zutaten zu einem Teig kneten und in Frischhaltefolie eingewickelt über Nacht bei 18 °C stehen lassen.

Am folgenden Tag den Lebkuchenteig durchkneten und auf 30 x 40 cm ausrollen. Den Teig auf ein mit Backpapier belegtes

Blech legen. Einen Backrahmen darübersetzen und den Teig hell backen.

Fruchtsaft und Gelierzucker 4 bis 5 Minuten kochen, heiß auf die Lebkuchenplatten gießen und gleichmäßig verlaufen lassen. Etwa eine Stunde warten, bis die Masse geliert hat. Backrahmen entfernen.

In der Zwischenzeit gesiebten Puderzucker unter das Marzipan arbeiten und auf einer mit Puderzucker bestäubten Arbeitsfläche auf Blechgröße ausrollen. Dann das Marzipan mit der Hand vorsichtig zusammenrollen. Diese Rolle auf den Rand der gelierten Füllung legen und das Marzipan über die ganze Fläche wieder ausrollen. Mit Papier abgedeckt das Ganze stürzen und einen Tag ruhen lassen.

Quadratische Stücke einteilen und ausschneiden. Dominosteine dann mit der Gabel in temperierte Edelkuvertüre tauchen und auf Backpapier oder ein Gitter legen.

KNUSPER-LEBKUCHEN
Zutaten für ca. 35 Mandel- und 35 Nuss-Knusper-Lebkuchen

Für den Teig:
350 g Honig
200 g Weizenmehl
100 g Roggenmehl
50 g Kakaopulver
1 Ei
50 g Grümmelkandis
50 g Orangeat gehackt
15 g Lebkuchengewürz (3 Teelöffel gehäuft)
10 g Hirschhornsalz (1 Teelöffel gehäuft)

Für die Füllung:
600 g dunkler Nougat
60 g Kakaobutter
ca. 300 g gestiftelte geröstete Mandeln
ca. 250 g gehackte geröstete Haselnüsse

Backofen 180 °C (Umluft 160 °C)

Den Lebkuchenteig bereits am Vortag zubereiten. Dazu Honig gut erwärmen und abkühlen lassen. Das Hirschhornsalz in einer Tasse mit 1 Esslöffel Wasser auflösen.

In einer großen Schüssel alle Zutaten zu einem Teig kneten und in Frischhaltefolie eingewickelt über Nacht bei ca. 18 °C stehen lassen.

Am folgenden Tag den Lebkuchenteig kräftig durchkneten und auf 30 x 35 cm ausrollen. Diesen dann in zehn Streifen (3 x 35 cm) schneiden, mit etwas Abstand auf ein mit Backpapier ausgelegtes Blech legen und hellgelb backen.

Nach dem Abkühlen die warme, aufgelöste Kakaobutter unter den Nougat rühren und die Masse mit dem Spritzbeutel oder einem Messer auf die Lebkuchenstangen verteilen. Kurz bevor der Nougat anzieht, die Stangen in die Mandelsplitter bzw. Haselnüsse drücken, so dass möglichst viele davon hängenbleiben. In 5 cm große Stücke schneiden und mit Milch- oder Edelbitterkuvertüre überziehen.

MANDEL-ELISENLEBKUCHEN

Masse für ca. 20 Stück

250 g Eiweiß
500 g Puderzucker
420 g Mandeln roh, gerieben
190 g Marzipanrohmasse
60 g Weizenmehl
70 g Lebkuchenbrösel, fein gerieben
70 g Orangeat, gehackt
70 g Zitronat, gehackt
15 g Lebkuchengewürz (3 Teelöffel gehäuft)
5 g Hirschhornsalz (½ Teelöffel)

Außerdem
25 Oblaten (8 cm Durchmesser)

Backofen 180 °C (Umluft 160 °C)

Das Eiweiß mit dem gesiebten Puderzucker in einer fettfreien Schüssel mit dem Handrührgerät schaumig schlagen. Das Hirschhornsalz in einer Tasse mit 1 Esslöffel Wasser auflösen. Marzipan in kleine Stücke schneiden und mit etwas geschlagenem Eiweiß weicharbeiten. Nun alle Zutaten unter das Eiweiß mischen.

Die Masse – 65 bis 70 g pro Stück – mit einem Messer kuppelartig auf die Oblaten aufstreichen und auf ein mit Backpapier belegtes Blech legen.

Die Lebkuchen eine Nacht lang an einen trockenen Ort stellen und dann backen.

GEFÜLLTES LEBKUCHENKONFEKT

Zutaten ergeben 70 Stück mit ca. 4 x 4 cm

Für den Teig:
300 g Honig
50 g brauner Zucker
50 g Butter
300 g Weizenmehl
100 g Roggenmehl
10 g Backpulver (1 Teelöffel gehäuft)
1 Ei
10 g Lebkuchengewürz (2 Teelöffel gehäuft)
5 g Hirschhornsalz (½ Teelöffel)

Für die Füllung:
360 g Edelkuvertüre
150 g Sahne
80 g Honig
40 ml Kirschwasser (8 Esslöffel)

Backofen 180 °C (Umluft 160 °C)

Überzug:
Temperierte Kuvertüre

Den Lebkuchenteig bereits am Vortag zubereiten. Dazu Honig, Zucker und Butter erwärmen, bis sich der Zucker auflöst, und die Masse etwas erkalten lassen. Das Hirschhornsalz in einer Tasse mit 1 Esslöffel Wasser auflösen.

Mehl und Backpulver in eine große Schüssel sieben, alle Zutaten zu einem Teig kneten und in Frischhaltefolie eingewickelt über Nacht bei ca. 18 °C stehen lassen.

Am folgenden Tag den Lebkuchenteig durchkneten, teilen und jede Hälfte des Teiges auf einer bemehlten Arbeitsfläche auf Backblechgröße (ca. 30 x 40 cm) ausrollen und auf einem mit Backpapier belegten Blech backen.

Die Sahne in einer Kasserolle aufkochen und 5 Minuten stehen lassen. Den Honig und die zerkleinerte Kuvertüre dazugeben und glattrühren. Sollte sich dabei die Kuvertüre nicht ganz lösen, die Masse nochmals leicht erwärmen. Dann zwei Drittel der Ganache mit einem Messer gleichmäßig auf einer der Lebkuchenplatten verteilen, die zweite darüberlegen, fest drücken und kalt stellen.

Nach etwa einer Stunde kann man dann beliebig große Stücke schneiden. Mit der restlichen Ganache Rosetten aufspritzen und mit heller oder dunkler temperierter Kuvertüre überziehen und auf einem Gitter oder Papier absetzen. Mit halbierten Mandeln, Haselnüssen oder dünnen Streifen kandierter Orangenscheiben kann man die Stücke verzieren.

PFEFFERNÜSSE

Zutaten für ca. 1500 g Pfeffernüsse

Für den Teig:
5 Eier
500 g braunen Zucker
abgeriebene Schale von 2 unbehandelten Zitronen
700 g Weizenmehl
150 g Orangeat gehackt
25 g Lebkuchengewürz (5 Teelöffel gehäuft)
5 g Hirschhornsalz (½ Teelöffel)

Glasur:
150 g Puderzucker gesiebt
30 g Rum (6 Esslöffel)

Backofen 180 °C (Umluft 160 °C)

Die Eier mit dem Handrührgerät schaumig rühren. Dabei den Zucker langsam einrieseln lassen. Das Hirschhornsalz in einer Tasse mit 1 Esslöffel Wasser auflösen. Alle Zutaten zu einem Teig verarbeiten und 2 Stunden kühl stellen.

Puderzucker und Rum in einer großen Schüssel verrühren und auch ruhen lassen.

Den Teig ca. 36 x 30 cm ausrollen und in 3 x 3 cm große Würfel schneiden. Die Teigwürfel zwischen den Händen zu Kugeln rollen und auf ein mit Backpapier belegtes Blech setzen und backen.

Mit einem schmalen Pinsel die Glasur auf die noch warmen Pfeffernüsse streichen und trocknen lassen.

Tipp vom Lebzelter:

Auch die Pfeffernüsse halten sich am längsten frisch, wenn man sie ab dem nächsten Tag in einer gut schließenden Dose aufbewahrt. Pfeffernüsse können, müssen aber keinen Pfeffer enthalten.

BENEDIKTINER FRÜCHTELEBKUCHEN

Neben dem Honig konnten die Menschen früher ihre Speisen auch mit getrockneten Früchten süßen. So gab es schon sehr früh das Früchtebrot oder Früchte in Honigteig. Wegen der engen Verbindung unserer Wachszieherei und Lebzelterei zum nahe gelegenen Kloster Scheyern werden diese Früchte-Lebkuchen bei uns schon immer als »Benediktiner« bezeichnet.

Zutaten für ca. 30 Gebäckstücke

Für den Teig:
 250 g Honig
 50 g brauner Zucker
 100 ml Wasser
 50 g Butter
 400 g Weizenmehl
 10 g Backpulver (1 Teelöffel gehäuft)
 15 g Lebkuchengewürz (3 Teelöffel gehäuft)
 5 g Hirschhornsalz (½ Teelöffel)

Für die Füllung:
 250 g Marzipanrohmasse
 250 g Aprikosenmarmelade
 50 g Kirschwasser (8 Esslöffel)

Fruchtmischung:
 100 g Feigen in Streifen geschnitten
 100 g Rosinen
 50 g Mandeln, roh gehackt

50 g Orangeat
50 g Zitronat

Backofen 180 °C (Umluft 160 °C)

Den Lebkuchenteig bereits am Vortag zubereiten. Dazu Honig, Zucker, Wasser und Butter erwärmen, bis sich der Zucker auflöst. Abkühlen lassen. Das Hirschhornsalz in einer Tasse mit 1 Esslöffel Wasser auflösen.

Mehl und Backpulver in eine großen Schüssel sieben und mit allen Zutaten zu einem Teig kneten. In Frischhaltefolie eingewickelt über Nacht bei ca. 18 °C stehen lassen.

Am folgenden Tag das Marzipan in kleine Würfel schneiden und in einer Schüssel mit einem Teil der Marmelade glattarbeiten. Anschließend die restliche Marmelade und das Kirschwasser unterarbeiten.

Den Lebkuchenteig durchkneten und auf 30 x 40 cm ausrollen. Die Marzipanfüllung gleichmäßig verstreichen und die Früchte aufstreuen. Auf der breiteren Seite den Teig einrollen und weiterrollen, bis der Teigstrang 60 cm Länge erreicht hat. Nun halbiert man den Teigstrang, um ihn leichter in den Kühlschrank legen zu können. Nach einer Stunde in 2 cm breite Stücke schneiden, wobei man das Messer immer wieder in Wasser eintauchen sollte.

Die Schnecken auf ein mit Backpapier belegtes Blech legen, mit verrührtem Ei bestreichen und hell und saftig backen. Wenn die Unterseite der Lebkuchenschnecke leicht braun ist, kann man das Gebäck schon aus dem Ofen nehmen und gleich nochmals mit Ei bestreichen, damit die Oberfläche schön glänzt.

Tipp des Lebzelters:

Am liebsten würde man jetzt sofort in die Schnecke hineinbeißen. Aber ausgekühlt und in einer Dose aufbewahrt, wird das Gebäck noch saftiger und intensiver im Geschmack.

LEBKUCHENTORTE

Zutaten für eine Kuchenform mit 26 cm Durchmesser

Für die Masse:
200 g Butter
100 g Honig
100 g Zucker
7 Eigelb
7 Eiweiß
250 g Haselnüsse, gerieben
200 g Lebkuchenbrösel, gerieben
80 g Weizenmehl
10 g Backpulver (1 Teelöffel gehäuft)
10 g Zimt (2 Teelöffel gehäuft)
100 ml Rum

Füllung:
200 g Johannisbeermarmelade
gehobelte Mandeln zum Aufstreuen

Backofen 180 °C (Umluft 160 °C)

Für die Honiglebkuchenbrösel kann man Reste von Honiglebkuchenteigen backen, trocknen und feinreiben oder auch trocken gewordene Lebkuchen verwenden.
    Butter und Honig und Zucker mit dem Handrührgerät fest schaumig rühren und nach und nach die Eigelbe dazugeben.
    Das Eiweiß mit dem Handrührgerät auf höchster Stufe schaumig rühren. Mehl und Backpulver sieben und mit den restlichen Zutaten unter die Buttermasse heben. Dann die Masse in einen Tortenring auf Backpapier füllen, glattstreichen und mit gehobelten Mandeln bestreuen.

In den vorgeheizten Ofen schieben und nach ca. 30 Minuten, wenn die Oberfläche goldgelb geworden ist, aus dem Backrohr nehmen und gut auskühlen lassen. Jetzt den Tortenboden zweimal durchschneiden und die Teile mit Johannisbeermarmelade füllen. Die Böden so zusammensetzen, dass die mit Mandeln bestreute Fläche oben ist. In 14 Stücke einteilen, eventuell noch mit Puderzucker bestäuben und genießen.

QUITTEN-HONIGLEBKUCHEN

Lange vor den Gummibärchen stellten Lebzelter das Quittenbrot als köstliche Süßigkeit her. Stark gekochtes Quittenfruchtmark wurde in einen Rahmen gegossen, nach dem Gelieren in Stücke geschnitten oder ausgestochen und in Kristallzucker gewälzt. Mein Vater liebte den feinen Geschmack der Quitte, der heute fast in Vergessenheit geraten ist, besonders in Kombination mit Honigkuchen.

Zutaten für ein Backblech (30 x 40 cm)

Für den Teig:
 300 g Honig
 50 g brauner Zucker
 50 ml Wasser
 300 g Weizenmehl
 100 g Roggenmehl
 10 g Backpulver (1 Teelöffel gehäuft)
 75 g Orangeat gehackt
 10 g Lebkuchengewürz (2 Teelöffel)
 5 g Hirschhornsalz (½ Teelöffel)

Füllung:
 700 g Quitten gewürfelt
 500 g Wasser
 500 g Gelierzucker 2:1

Backrahmen

Backofen 180 °C (Umluft 160 °C)

Den Lebkuchenteig bereits am Vortag zubereiten. Dazu Honig, Zucker und Wasser erwärmen, bis sich der Zucker löst, und dann die Masse abkühlen lassen. Das Hirschhornsalz in einer Tasse mit 1 Esslöffel Wasser auflösen.

In einer großen Schüssel alle Zutaten zu einem Teig kneten und in Frischhaltefolie eingewickelt über Nacht bei ca. 18 °C stehen lassen.

Den Lebkuchenteig durchkneten und auf 30 x 40 cm ausrollen, auf ein mit Backpapier belegtes Blech legen. Den Rahmen darüberstellen und backen.

Die Quitten mit einem Tuch gründlich abreiben und vierteln. Stiele und Blütenansätze und Kernhaus entfernen und kleinschneiden. Früchte und Wasser aufkochen und ca. 50 Minuten abgedeckt köcheln lassen. Anschließend pürieren.

Püriertes Quittenmark mit Gelierzucker 10 Minuten stark kochen und 1200 g davon heiß auf dem gebackenen Honiglebkuchen verteilen. Nach 24 Stunden in 3 x 5 cm große Stücke schneiden und mit temperierter Kuvertüre überziehen.

Tipp vom Lebzelter:
Das restliche heiße Quittenmark, vielleicht einen Zentimeter hoch, auf Backpapier schütten und auch 24 Stunden stehen lassen. Dann kann man es mit kleinen Formen ausstechen oder einfach nur mit dem Messer in Stücke schneiden. In Zucker wälzen, und schon hat man die Gummibärchen unserer Vorfahren, das ehemals so beliebte Quittenbrot.

DINKELVOLLKORN-HONIGLEBKUCHEN

Zutaten für ca. 1000 g Gebäck

Für den Teig:
300 g Honig
100 g brauner Zucker
100 ml Wasser
480 g Dinkelmehl oder Dinkelvollkornmehl
1 Ei
130 g Haselnüsse geröstet, gemahlen
130 g Orangeat gehackt
25 g Lebkuchengewürz (5 Teelöffel gehäuft)
10 g Hirschhornsalz (1 Teelöffel gehäuft)

Außerdem:
geschälte Mandelhälften zum Belegen
4 Eier zum Bestreichen

Backofen 180 °C (Umluft 160 °C)

Den Lebkuchenteig bereits am Vortag zubereiten. Dazu Honig, Zucker und Wasser erwärmen, bis sich der Zucker löst, und dann die Masse abkühlen lassen. Das Hirschhornsalz in einer Tasse mit 1 Esslöffel Wasser auflösen.

In einer großen Schüssel alle Zutaten zu einem Teig kneten und in Frischhaltefolie eingewickelt über Nacht bei ca. 18 °C stehen lassen.

Am folgenden Tag den Lebkuchenteig durchkneten, teilen und jedes Stück auf 30 x 40 cm ausrollen. Mit dem Teigschneiderad in 3 x 5 cm Stücke teilen und mit einer Palette auf ein mit Backpapier belegtes Blech legen. Mit verquirltem Ei bestreichen, mit einer halben Mandel garnieren und hellgelb backen.

Tipp vom Lebzelter:
Direkt nachdem sie aus dem Ofen gekommen sind, kann man die einzelnen Stücke nochmals mit Ei anstreichen – sie erhalten dadurch einen besonders schönen Glanz.

HAMBURGER BRAUNE

Das Rezept ergibt 1100 g Gebäck

Für den Teig:

280 g Zuckerrübensirup
220 g Weizenmehl
50 g Roggenmehl

250 g Butter weich
50 g Puderzucker gesiebt
320 g Weizenmehl
15 g Lebkuchengewürz (3 Teelöffel gehäuft)
3 g Salz (¼ Teelöffel)
10 g Pottasche (1 Teelöffel gehäuft)
5 g Hirschhornsalz (½ Teelöffel)

Backofen 190 °C (Umluft 170 °C)

Den Sirup auf über 80 °C erhitzen, abkühlen lassen und mit Weizen- und Roggenmehl zum Vorteig kneten.
Alle übrigen Zutaten unter den Vorteig arbeiten. Pottasche und Hirschhornsalz getrennt in je 1 Esslöffel Wasser auflösen. 5 Minuten stehen lassen, dann zuerst die Pottasche, danach das Hirschhornsalz unter den Teig arbeiten und über Nacht stehen lassen. Teig 2 mm dünn ausrollen, in 5 x 5 cm große Stücke schneiden und auf mit Backpapier belegten Blechen backen.
Am besten nach dem Erkalten in einer gut zu verschließenden Blechdose aufbewahren, damit das Gebäck lange knusprig bleibt.

SPITZKUCHEN

Zutaten für ca. 1400 g Gebäck (ohne Kuvertüre)

Für den Teig:
400 g Honig
100 g braunen Zucker
400 g Weizenmehl
100 g Roggenmehl
20 g Backpulver (2 Teelöffel gehäuft)
2 Eier
25 g Lebkuchengewürz (5 Teelöffel gehäuft)
5 g Hirschhornsalz (½ Teelöffel)
200 g Sultaninen
120 g Orangeat gehackt
100 g Nüsse, geröstet, grob gehackt
30 g Rum (5 Esslöffel)

Den Lebkuchenteig bereits am Vortag zubereiten. Honig und Zucker erwärmen und abkühlen lassen. Das Hirschhornsalz mit 1 Esslöffel Wasser in einer Tasse auflösen.

Mehl und Backpulver in eine große Schüssel sieben, alle Zutaten zu einem Teig kneten und, in Frischhaltefolie eingewickelt, über Nacht bei 18 °C stehen lassen.

Den Teig durchkneten und in 6 Stücke à 250 g teilen. Jedes Teil zu 40 cm langen Teigrollen verarbeiten und auf einem mit Backpapier belegten Blech nur so lange backen, bis die Unterseite eine hellbraune Farbe angenommen hat.

Nach dem Backen die Stränge mit einem scharfen Sägemesser in trapezförmige Stücke schneiden und mehrere Tage in einen luftfeuchten Raum stellen. Dabei nehmen die Gebäckstücke Feuchtigkeit auf und werden weich und saftig. Haben die Spitzkuchen die gewünschte Konsistenz erreicht, werden sie mit Edelkuvertüre überzogen, indem man sie einzeln mit einer Gabel in die flüssige Schokolade taucht und dann auf Backpapier oder einem Gitter absetzt.

WALNUSS-OBLATENLEBKUCHEN

Rezept für etwa 25 Lebkuchen

- 250 g Eiweiß
- 500 g Puderzucker, gesiebt
- 350 g Walnüsse, gerieben
- 150 g Haselnüsse, gehobelt, geröstet
- 190 g Marzipanrohmasse
- 60 g Weizenmehl
- 60 g Lebkuchenbrösel, fein gerieben
- 160 g Orangeat, gehackt
- 15 g Lebkuchengewürz (3 Esslöffel gehäuft)
- 5 g Hirschhornsalz (½ Teelöffel)

Außerdem:

25 Oblaten (8 cm Durchmesser)

Backofen 180 °C (Umluft 160 °C)

Das Eiweiß mit dem gesiebten Puderzucker in einer fettfreien Schüssel mit dem Handrührgerät schaumig schlagen. Das Hirschhornsalz in einer Tasse mit 2 Esslöffeln Wasser auflösen. Das Marzipan in kleine Stücke schneiden, mit etwas geschlagenem Eiweiß weicharbeiten und alle Zutaten unter das geschlagene Eiweiß heben.

Die Masse (65 bis 70 g pro Stück) mit einem Messer kuppelartig auf die Oblaten aufstreichen.

Lebkuchen eine Nacht trocknen und dann backen.

LEBKUCHENTASCHEN MIT ZWETSCHGENMUS

Zutaten für 40 Stück

Für den Teig:
  250 g Honig
  150 g brauner Zucker
  80 g Butter
  2 Eier
  300 g Weizenmehl
  150 g Roggenmehl
  10 g Backpulver (1 Teelöffel gehäuft)
  15 g Lebkuchengewürz (3 Teelöffel gehäuft)
  5 g Hirschhornsalz (½ Teelöffel)

Für die Füllung:
  200 g Zwetschgenmus
  Zucker je nach Geschmack
  2 Eier verquirlt

  Backofen 180 °C (Umluft 160 °C)

Den Lebkuchenteig bereits am Vortag zubereiten. Dazu Honig, Zucker und Butter erwärmen, bis sich der Zucker auflöst. Die Masse abkühlen lassen. Das Hirschhornsalz in einer Tasse mit 1 Esslöffel Wasser auflösen.

Mehl und Backpulver in eine große Schüssel sieben, alle Zutaten zu einem Teig kneten und in Frischhaltefolie eingewickelt über Nacht bei ca. 18 °C stehen lassen.

Einen Teil des Teiges auf einer bemehlten Arbeitsfläche etwa 3 mm dick ausrollen, mit einem runden Ausstecher (ca. 8 cm Durchmesser) ausstechen und zur Seite legen.

Das Zwetschgenmus mit einem Teelöffel vollständig auf die Scheiben verteilen.

Rundum mit Eiweiß anstreichen, eine Hälfte auf die andere Hälfte klappen und fest andrücken, dass Halbmonde entstehen. Diese auf ein mit Backpapier belegtes Blech setzen, mit dem verquirlten Ei bestreichen und backen. Sobald sie aus dem Ofen kommen, nochmals damit anstreichen.

WEISSE AUF OBLATE: LEBKUCHEN MEINER KINDHEIT

Von den Zutaten her waren die »Weißen« die günstigere Variante der Oblatenlebkuchen und prägten meine Kindheit. Deshalb haben sie für mich bis heute einen ganz besonderen Charme.

Zutaten für 20 Stück

Masse:
6 Eier
190 g Puderzucker
80 g Honig
260 g Weizenmehl
230 g Mandeln, gerieben
75 g Mandeln, gehobelt
150 g Orangeat, gehackt
15 g Lebkuchengewürz (3 Teelöffel gehäuft)
5 g Hirschhornsalz (½ Teelöffel)

Außerdem:
20 Oblaten mit 8 oder 10 cm Durchmesser

Backofen 180 °C (Umluft 160 °C)

Eier und Zucker mit dem Handrührgerät so lange schlagen, bis sich der Zucker aufgelöst hat. Hirschhornsalz mit 1 Esslöffel Wasser in einer Tasse auflösen und alle Zutaten miteinander mischen.

Ungefähr 60 g Masse auf eine Oblate geben und mit Hilfe eines Messers kuppelartig aufstreichen. Auf ein mit Backpapier belegtes Blech legen. Ganz wenig Puderzucker über die Lebkuchen sieben und für 3 Stunden warm stellen. Dann können sie goldgelb gebacken werden.

KOKOSLEBKUCHEN

Teig für 30 Stück:
350 g Eiweiß
750 g Zucker
550 g Kokosflocken
50 g Zitronat gehackt
50 g Orangeat gehackt
25 g Honig
50 g Weizenmehl
Saft von 3 Zitronen

Außerdem:
30 Oblaten mit 8 cm Durchmesser

Backofen 190 °C (Umluft 170 °C)

Eiweiß und Zucker in einem etwas breiteren großen Topf unter ständigem Rühren leicht erwärmen. Restliche Zutaten dazugeben, weiter kräftig rühren. Sobald sich die Masse vom Topfboden löst, hat sie die richtige Temperatur von 65 °C erreicht. Sicherheitshalber mit einem Küchenthermometer nachmessen.

Die Masse – etwa 60 g pro Stück – mit einem Messer auf die Oblaten kuppelartig aufstreichen und auf ein mit Backpapier belegtes Blech legen. Eine Stunde antrocknen lassen und hellgelb backen.

Tipp vom Lebzelter:
Die Kokosflocken unbedingt frisch verwenden. Alte Kokosflocken können einen unangenehmen ranzigen Geschmack bekommen. Die Kokoslebkuchen sind unglaublich saftig und bleiben es auch lange, wenn man sie in einer Dose aufbewahrt.

WALNUSS-HONIGLEBKUCHEN

Teig für 20 Stück:
250 g Honig
150 g Weizenmehl
100 g Roggenmehl
15 g Lebkuchengewürz (3 Teelöffel gehäuft)
5 g Hirschhornsalz (½ Teelöffel)
50 g Sauerrahm
1 Eigelb
50 g Walnüsse gehackt
50 g Zitronat gehackt

Füllung:
250 g Marzipanrohmasse
150 g Aprikosenmarmelade
80 g Walnüsse gehackt
80 g Zitronat gehackt
20 ml Kirschwasser (4 Esslöffel)

Den Lebkuchenteig bereits am Vortag zubereiten. Dazu Honig gut erwärmen und abkühlen lassen. Das Hirschhornsalz in einer Tasse mit 1 Esslöffel Wasser auflösen.

In einer großen Schüssel alle Zutaten zu einem Teig kneten und in Frischhaltefolie eingewickelt über Nacht bei ca. 18 °C stehen lassen.

Am folgenden Tag den Lebkuchenteig durchkneten, teilen und die beiden Hälften auf 40 x 40 cm ausrollen. Dann auf einem mit Backpapier belegten Blech hellgelb backen.

Die Aprikosenmarmelade langsam unter das Marzipan arbeiten. Den Rest dazugeben und auf einer Lebkuchenplatte gleichmäßig verteilen. Die andere Lebkuchenplatte darüberlegen und festdrücken. Die Oberfläche dünn mit temperierter Edelbitterkuvertüre bestreichen, in 5 x 5 cm große Stücke schneiden und mit Kuvertüre eine Walnusshälfte mittig aufkleben.

HONIGLEBKUCHEN FÜR DEN WEIHNACHTSBAUM

Zutaten für 15 bis 20 Stück

Für den Teig:
300 g Honig
300 g Weizenmehl
10 g Backpulver (1 Teelöffel gehäuft)
1 Ei
5 g Lebkuchengewürz (1 Teelöffel gehäuft)
5 g Hirschhornsalz (½ Teelöffel)

Eiweißglasur:
250 g Puderzucker gesiebt
1 Eiweiß
3 bis 4 Lebensmittelfarben

Außerdem:
3 Eier verquirlt
Verschiedene Ausstechformen
Spritzbeutel oder Garniertütchen

Backofen 180 °C (Umluft 160 °C)

Den Lebkuchenteig bereits am Vortag zubereiten. Dazu Honig erwärmen und abkühlen lassen. Das Hirschhornsalz in einer Tasse mit 1 Esslöffel Wasser auflösen.

Mehl und Backpulver in eine große Schüssel sieben, alle Zutaten zu einem Teig kneten und in Frischhaltefolie eingewickelt über Nacht bei ca. 18 °C stehen lassen.

Am folgenden Tag den Lebkuchenteig durchkneten und auf leicht bemehlter Arbeitsfläche 3 bis 5 mm dick ausrollen. Verquirltes Ei auf den Teig streichen und etwa 15 Minuten trocknen lassen. Verschiedene Figuren ausstechen. Die Reste immer wieder ausrollen, anstreichen, nach dem Trocknen ausstechen und alle zusammen hellgelb auf mit Backpapier belegten Blechen backen. Sofort nach dem Backen mit verquirltem Ei dünn bestreichen, damit die Figuren einen schönen Glanz bekommen.

Das Eiweiß in einer Schüssel mit ¾ des gesiebten Puderzuckers mit einem Esslöffel kräftig verrühren und schaumig schlagen. Restlichen Puderzucker unter ständigem Rühren so lange zugeben, bis die Masse nicht mehr verläuft. In vier Tassen aufteilen und mit unterschiedlichen Lebensmittelfarben färben.

Eiweißmasse in Garniertütchen oder Spritzbeutel füllen und den Baumschmuck nach Belieben verzieren. Der Zuckerfaden sollte beim Garnieren nicht zu dick aus der Tüte kommen.

HONIGLEBKUCHEN-NIKOLAUS

Zutaten für 6 Nikoläuse

Für den Teig:
300 g Honig
300 g Weizenmehl
10 g Backpulver (1 Teelöffel gehäuft)
1 Ei
5 g Lebkuchengewürz (1 Teelöffel)
5 g Hirschhornsalz (½ Teelöffel)

Für das Dekor:
200 g Marzipanrohmasse
200 g Puderzucker gesiebt

Eiweißglasur für die Augen
100 g Puderzucker gesiebt
½ Eiweiß

Temperierte Kuvertüre

Außerdem:
Den abgebildeten Nikolaus als Grundriss auf eine Schablone aus festem Karton zeichnen und ausschneiden.

Backofen 180 °C (Umluft 160 °C)

Den Lebkuchenteig bereits am Vortag zubereiten. Dazu Honig erwärmen und erkalten lassen. Das Hirschhornsalz in einer Tasse mit 1 Esslöffel Wasser lösen.

In einer großen Schüssel alle Zutaten zu einem Teig kneten und in Frischhaltefolie eingewickelt über Nacht bei 18 °C stehen lassen.

Den Lebkuchenteig durchkneten und 3 bis 5 mm dick ausrollen. Mithilfe der Schablone Nikolauskörper ausschneiden. Alle auf mit Backpapier belegte Bleche legen und hellgelb backen.

Nach dem Erkalten den Honiglebkuchen mit der Oberseite in die Kuvertüre legen, vorsichtig herausnehmen, mit einem Pinsel die Kuvertüre in Längsrichtung abstreifen und auf ein Backpapier legen.

Puderzucker unter das Marzipan kneten und davon die Hälfte auf gesiebtem Puderzucker ausrollen und mit einer ovalen Form die Gesichter sowie die Hände ausstechen und auf die Nikoläuse auflegen. Einen dünnen Marzipanstrang um das Gesicht legen. Die Schnurrbärte modellieren, auflegen und mit Kuvertüre alles festkleben.

Das Eiweiß mit dem gesiebten Puderzucker in einer Tasse mit einem Teelöffel schaumig rühren (nach Bedarf noch etwas mehr Puderzucker zugeben), in ein Tütchen einfüllen und die Augen spritzen. Den dunklen Teil kann man mit Garniertütchen, gefüllt mit Kuvertüre, aufsetzen. Nun kann man der Fantasie freien Lauf lassen und den Nikolaus mit Eiweißglasur aus der Spritztüte nach Belieben weiter verzieren.

LEBKUCHENHAUS

Eine Hexerei ist die Herstellung eines Lebkuchenhauses nicht, aber etwas Zeit sollte man sich dafür schon nehmen. Beim Dekorieren sind der Fantasie keine Grenzen gesetzt.

Für den Teig:
700 g Honig
50 g Butter
700 g Weizenmehl
15 g Backpulver (1½ Teelöffel gehäuft)
2 Eier
25 g Lebkuchengewürz (5 Teelöffel gehäuft)
5 g Hirschhornsalz (½ Teelöffel)

Eiweißglasur:
1 Eiweiß
200 g Puderzucker, gesiebt

Außerdem:
3 verquirlte Eier zum Bestreichen
Garniertütchen, Spritzbeutel, Sterntülle
Fester Karton für die Schablonen

Backofen 180 °C (Umluft 160 °C)

Den Lebkuchenteig bereits am Vortag zubereiten. Dazu Honig mit der Butter leicht erwärmen und abkühlen lassen. Das Hirschhornsalz in einer Tasse mit 1 Esslöffel Wasser auflösen.
 Mehl und Backpulver in eine große Schüssel sieben, alle Zutaten zu einem Teig kneten und in Frischhaltefolie eingewickelt über Nacht bei 18 °C stehen lassen.

Aus festem Karton je eine Schablone ausschneiden:
1 Bodenplatte 20 x 20 cm
2 Dachflächen 13 x 13 cm
2 Giebelseiten 12 cm x 15 cm, die ab 6 cm für das Dach zur Mitte hin abgeschnitten werden
2 Seitenwände 6 x 10 cm
Den Lebkuchenteig nochmals durchkneten und in mehreren Teilen auf leicht bemehlter Arbeitsfläche 4 mm dick ausrollen. Mittels der Schablonen die gewünschten Flächen mit dem Teigrad ausschneiden. Die fertigen Stücke auf mit Backpapier belegte Bleche legen und mit dem Ei anstreichen. Dachflächen mit Mandeln belegen, nochmals mit Ei bestreichen und backen. Aus dem restlichen Teig kann man Zäune, Bäume und andere Dekorteile ausstechen.

Nach dem Backen aus dem noch weichen Lebkuchen Fenster und Türen ausstechen.

Eiweiß mit gesiebtem Puderzucker in einer fettfreien kleinen Schüssel mit dem Handrührgerät schaumig schlagen. Je nach Menge des Eiweißes muss man Puderzucker dazugeben oder weglassen. Mithilfe einer Garniertüte an den Stoßstellen etwas Eiweißglasur auftragen. Die ersten Teile zusammensetzen und mit Zahnstochern kurzfristig zusammenheften. Nach etwa 12 Stunden, wenn die Eiweißglasur angezogen ist, die Zahnstocher entfernen und mit der restlichen Glasur weitere Verzierungen aufspritzen.

INHALT

Vorwort   7
Vom Lebzelten zur Hipp-Babynahrung   15
Die lange Geschichte des Lebkuchens   18
Kinderbringer, Spinnerin und Abc-Taferl   34
Der Modelschatz der Lebzelter   47
Die drei Lebkuchengruppen   52
Lebkuchenspezialitäten – Eine Exkursion in die
   europäischen Lebkuchenzentren   56
Aus dem Rezeptbuch meines Großvaters   64
Kleine Warenkunde   68
Praxistipps aus der Lebzelterei   74

Rezepte
   Basler Leckerli   83
   St. Galler Biber   85
   Liegnitzer Bomben   88
   Holländischer Frühstückskuchen   91
   Schokoladen-Elisenlebkuchen   93
   Printen   95
   Nuss-, Mandel- und Schokoladeprinten   97
   Honigkuchen vom Blech   99
   Ein Lebkuchenherz für die Liebsten   101
   Dominosteine   104
   Knusper-Lebkuchen   106
   Mandel-Elisenlebkuchen   108
   Gefülltes Lebkuchenkonfekt   110
   Pfeffernüsse   112

Benediktiner Früchtelebkuchen   114
Lebkuchentorte   117
Quitten-Honiglebkuchen   119
Dinkelvollkorn-Honiglebkuchen   122
Hamburger Braune   124
Spitzkuchen   126
Walnuss-Oblatenlebkuchen   128
Lebkuchentaschen mit Zwetschgenmus   130
Weiße auf Oblate: Lebkuchen meiner Kindheit   132
Kokoslebkuchen   134
Walnuss-Honiglebkuchen   136
Honiglebkuchen für den Weihnachtsbaum   138
Honiglebkuchen-Nikolaus   140
Lebkuchenhaus   143

2. Auflage 2016. © Insel Verlag Berlin 2015. Copyright © 2015 by Hans Hipp. Dieses Werk wurde vermittelt durch die Montasser Medienagentur München. Alle Rechte vorbehalten, insbesondere das der Übersetzung, des öffentlichen Vortrags sowie der Übertragung durch Rundfunk und Fernsehen, auch einzelner Teile. Kein Teil des Werks darf in irgendeiner Form (durch Fotografie, Mikrofilm oder andere Verfahren) ohne schriftliche Genehmigung des Verlages reproduziert oder unter Verwendung elektronischer Systeme verarbeitet, vervielfältigt oder verbreitet werden. Bezugspapier: Kat Menschik, Berlin. Gesetzt in der Schrift Palatino und Avenir. Die Rezeptfotos hat Max Reitmeier, Bern, angefertigt, die Abbildung S. 57 stammt aus: Jürgen Franzke, *Das Nürnberger Lebkuchenbuch*, Tümmel Verlag Nürnberg 2008, alle anderen Abbildungen stammen aus dem Archiv des Autors. Gedruckt auf holzfreies, alterungsbeständiges Werkdruckpapier der Firma Cordier, Bad Dürkheim, von der Memminger MedienCentrum AG. Gebunden in Fadenheftung von der Josef Spinner Großbuchbinderei GmbH, Ottersweier. Printed in Germany. Erste Auflage 2015. ISBN 978-3-458-20015-4